西堀榮三郎　生誕 100 年記念復刊
西堀流新製品開発
忍術でもええで

西堀榮三郎

日本規格協会

　　　　　　　　ま　え　が　き

　新製品開発そのものの持っていき具合は，決して普遍妥当性のある科学的なものではない。むしろ人間的な要素，例えば西̇堀̇流̇とでも言うべき私自身の個性があるし，また同じように読者自身の個性が出てきて当然である。したがって，本書は西堀流が強く出すぎているきらいがないでもないと思うが，それを無視した客観的・科学的なものはあり得ないとも言えるのではないだろうか。

　物理学や化学のように極めて科学的だと言われるものでさえ，発達の過程を見ていると，いろいろな人がそれぞれの流儀でやってきて，後になってみるとそれが一つの体系になっている。決してそれを望んでいるわけではないが，最初から客観的なものは存在しないのではないかというのが私の基本的な思想の一つである。

　将来，日本がどういうふうになっていくか，あるいは日本の経済や新製品開発のねらいがどうあるべきかということを考えるにしても，ある流儀を考えなければならないのではないだろうか。流儀には大小取り混ぜていろいろあり，それぞれの個人の流儀あるいは会社なら会社の流儀がある。日本には日本流がある。それをもっと広げていくと東洋流の考え方があり，場合によっては西洋流とは違うかもしれない。しかし，そこにある統一されたものがあることは事実である。

　本書の西̇堀̇流̇のものの考え方を知って，その上で読者の会社流のものを加えてもいい。また，個人の流儀を付け加えてもいい。その

結果，長い眼で見たときに総合的なものができれば幸いである。

　なお，本書は新製品の開発に携わっている方々，関係する方々の研鑽・研究の場として，日本規格協会に設置されている新製品開発教室で，毎期新入会されてくる方々に私が最初にお話ししている基本的な考え方をまとめたもので，当教室幹事の菅原修君，牧島信一君，書記の三枝幹明君，事務局の若園叔邦君たちの努力によるところ多大である。

　また，日本規格協会出版課の皆さん，特に伊藤宰君にお世話になったことを記し，各位に感謝の意を表する次第である。

1979 年 9 月

西堀　榮三郎

『西堀流新製品開発―忍術でもええで』
復刊に寄せて

本年（2003年）は，西堀榮三郎先生の生誕100年にあたる。

西堀先生は，第二次世界大戦の終戦直後，連合国最高司令官総司令部（GHQ）からクオリティ・コントロール（QC）を学ばれ，わが国に品質管理を普及させた創始者的な存在である。また，西堀先生は，品質管理のみならず，真空管技術，第一次南極越冬隊隊長，日本山岳会会長，原子力の研究・開発と多方面にわたり大きな功績を残された。

生誕100年にあたる本年，西堀先生の偉業を改めて確認し，今世紀へ伝承すべく，滋賀県湖東町をはじめ，各地において多くの記念行事が行われている。

本書は，この記念事業の一環として，わが国の「ものづくり」の発展に大きく貢献された西堀先生が著された『西堀流新製品開発―忍術でもええで』を装いを新たにして，復刊するものである。

なお，本書には，西堀先生がご生前，主任講師としてご活躍された「日本規格協会新製品開発教室」の運営委員並びに受講者の方々より，ご寄稿を賜り，巻末に収録させていただいた。ここに，各位の皆様に対し，謹んで感謝の意を表する。

わが国の「ものづくり」が再認識されている今日，「西堀流ものの考え方」には，多くの示唆が込められている。本書が，新製品開発はもとより，わが国の品質管理を担われている多くの方々から経営層の方々まで，故西堀先生の熱きメッセージとして，末永く愛読

されることを願う次第である。

2003年10月

財団法人日本規格協会

目　　次

1. 新製品開発精神

1.1 これからの方向 …………… 3
個性化へ ………………… 4
多種少量生産をこなせ ……… 7
多能工をめざせ …………… 9
理想へ …………………… 10
資源効率へ ……………… 12

1.2 研究者のあり方 …………… 14
迷信を打ち破れ ………… 14
自己研鑽しろ …………… 16
観察力を養え …………… 20
競走を …………………… 23
大物を探せ ……………… 25

2. 科学・技術と研究の促進

- 2.1 科学と技術 …………………… 31
- 2.2 基礎研究と応用研究 ………… 38
- 2.3 開発と試験研究 ………………… 42
  - 開発を促進させる秘訣 ……… 46
- 2.4 研究・開発の促進 ……………… 50

3. 新製品開発の心がけ

- **3.1 新製品開発の進め方** ………… 61
- **3.2 新製品開発と経営活動** ……… 62
  - 製品と商品 ………………………… 66
  - 製品と製品計画 …………………… 67
- **3.3 新製品開発とリスク** ………… 69
- **3.4 品質の企画** …………………… 71
- **3.5 品質の保証** …………………… 72
- **3.6 品質の評価** …………………… 74
- **3.7 リーダーとメンバー** ………… 77
  - 設計段階の心がけ ……………… 79
  - 試験段階の心がけ ……………… 87
  - 試販段階の心がけ ……………… 92

4. 新製品開発のやり方

- **4.1 新製品開発の常道** …………… 101
  - まねでもよい …………………… 101
  - 広い権限を持つ ………………… 102
  - 誰にでもできる ………………… 103
  - 思い違うな ……………………… 104
- **4.2 発見・発明の方式** …………… 106
  - エジソン式とラングミヤー式 …………… 106
  - 発明の成立 ……………………… 109
- **4.3 "変だぞ！"が発見・発明につながる** …………… 110
  - 着想法 …………………………… 114
  - 強い要求を持つこと …………… 117
  - 新知識の発見 …………………… 122
  - 理論と現実 ……………………… 125
- **4.4 アイデアの実現可能性** ……… 131
  - 実現可能性試験 ………………… 134
- **4.5 参画競走**（競走原理）……… 139
- **4.6 調子に乗せる** ………………… 143
- **4.7 探検的精神を持って** ………… 149
- **4.8 勇気を持って** ………………… 156

5. 私の新製品開発

5.1 考えさせるということは …・163
5.2 不自由さを知らしめれば …・169
5.3 自由さを知らしめれば ……・176
5.4 忍術を使わせるとは ………・181
5.5 育て親は誰に ……………・187
5.6 不可能はない ……………・196
　　市場調査……………………・198
　　フィールドリサーチ………・203
　　問題解決……………………・209
"研究・開発"の系統図 ……………・218

イラストレーション　三輪　滋

西堀榮三郎博士生誕 100 年に寄せて

新製品開発教室に思うこと	浅野　俊明	223
忍術でもええで！！！	池田　信一	225
西堀先生の思い出	一色　　譲	227
西堀先生から習ったこと	大西　正宏	229
西堀先生にもらったホームラン	岡　　茂男	232
西堀教室で学んだこと	北原　英昭	235
観察力	楠田　浩二	240
細工はリュウリュウ	小林　俊次	243
西堀先生をしのんで	坂巻　資敏	244
世紀を超えて	篠原　孝子	248
プルトニウムはあかん！	清水　千里	250
ヤルン・カーン号に乗って	菅原　　修	253
やってみる人	武田　和忠	255
ある日の極楽会	玉井　研一	258
新製品開発教室と私	坪子　嘉彦	260
開発教室関係各位様	野崎　良雄	262
西堀先生はいまだ生きている	林　　萬直	264
西堀教室で学んだこと「ほう！それは良い考えじゃ」	針ケ谷　忠	270
挑戦してゆく先生の姿に感動	堀越　政彦	272
かけがえのないメンター西堀榮三郎師	牧島　信一	274
創意工夫の哲人・西堀先生を偲ぶ	村井　　徹	277
西堀先生に学んだこと	柳谷　三郎	279

1

新 製 品 開 発 精 神

1.1 これからの方向

　日本が将来どうあるべきかということに対する私流のものの考え方は，次のようなものである。これまでは欧米のマスプロダクションを頭に描いてものを考えていたので，同じものをたくさんつくるやり方が工業や商品や新製品の向かうべき道であるとされていたが，それはある意味での画一論である。同じものを少種多量につくらなければコストが安くならないという方向に欧米は向いていた。日本もそれをまねて今日までやってきた。

　しかし，将来もこれでいいのかというとき，個性化，言い換えれば自由あるいは自由選択ということが出てきた。逆に言うと，選択の自由を要求されているのかもしれない。

　中国では，すべてが画一的で服装から食べ物から何から何までみな同じである。あれは平等だと言うが，悪平等だとも言える。ともかく，中国は画一的あるいは悪平等であそこまでやってきた。かつて農民と地主との間に格差がありすぎたので，その反動として画一化が出てきたのだろう。格差ということは別としても，中国では幾多の変遷の結果，近代化という言葉が出てきて，明らかに画一化から離れて個性化というか選択の自由がだんだん認められてきているようである。

　これは，私たちがまず考えなければならない基本的な問題である。住宅にしても自動車にしても，同じものをつくった方が安くつくというので，プレハブという格好で大量生産していこうとしている。

しかし，プレハブ的，工業化的な住宅は全体の 10％にも満たなくて，あとの 90 何パーセントは大工さんが個性を発揮してつくった住宅になっている。

　自動車を考えてみても，いろいろな色があり種類が非常に多く，ここにも個性化というか選択の自由が現れてきている。これからの新製品を考えるとき，画一論でいくコストダウンの問題のほかに，個性化しながらコストが高くならないようにやっていく道が開けるだろう。

　実際に工場でものをつくっている人たちのセンスからいけば，"何で色を変える。同じものをつくればそれにこしたことはない。大きい車だ，小さい車だと言わずに一つにしてしまえば一番いいではないか"という言葉が出てくる。営業の人にしてみれば"そんなことを言うが，お客さんはみんな顔が違うように好みが違うのだから"となる。

　そういう意味から，これからの日本は外国あるいは国内のすべての人たちの個性化という問題にもっと力を入れていかなければならないであろう。それをやってもコストが高くならない，あるいは安くできる技術を研究する必要がある。そのためには今までの欧米から輸入した考え方を払拭しなければならない。

個 性 化 へ

　最近は人間がものをつくるのではなく，ボタン一つ押すと機械が自動的につくる。種類が多くなると段取り替えと自動化のコンフリクト（conflict）をいかに克服するかということが第一の問題になってくる。

かつて東芝にいたとき，プレスをずいぶん使った。プレスというのは，自動的にリボンならリボンで入ってきた素材を打ち抜き，絞り，形づくる。そのときに段取り替えをうまくやることができれば，次から次へと変わった種類のものができる。例えば午前と午後で違う製品をつくるとする。今までは，全部型を取り替え調整するために丸1日かかるのが実情であった。次に違うものがすぐ出てくるということが分かっていたとしても，つくりすぎる。ここに中間製品の滞貨という問題が出てくる。

これが大きな資本投下の問題にもなる。思い違いが混じっていて，せっかくつくったものが全部不必要になり，捨てるのは惜しいというので倉庫を建てる。そういうことが次々と起こってくるが，一番いけないのはこのことからくるムダに対する無感覚である。それが積み重なって，やはり多種少量生産は困る，画一的なものを大量につくることにだけ頭がいくことになる。

そこで，私はどうしたかと言うと，段取り替えを早くやるようにするためには大きなプレス機械をそう簡単に変えることはできないが，問題は型そのものにあるのだから調節を全然しなくてすむような型にする。外すときはそこだけ外してそれだけ入れればいいようにしておき，同じような注文がくるとすぐはめるというやり方にしたのである。段取り替えをどうしたら早くできるかということに全精力を注ぎ，それに対してある程度の資本を投下することによって不可能でなくなるわけである。

ところが，ここにもう一つ非常に困ることがある。これに関係する人間の問題である。それをやっている人が非常に抵抗を持つ。少種多量生産でなければならないという迷信的なものの考え方を打破

することの方が時間がかかる。西堀流に考えるとそうなる。

　人間のものの考え方の中にそういう迷信的なものがあって、こういうものでなければ売れないと思っている。それだけを考えるから個性化を拒否する力が非常にある。みんな画一的にやらなければならないと思っている。

　人間の心の中には画一的なものと個性的なものが常に両立しているが、一方が非常に強く出ているからいけないのであり、初めから両立することを認めた方がいい。かつて個性的なものが非常に強くありすぎたのが、ついこの前まで欧米の画一生産的な方に振れていた。これは高度成長時代のことであるが、これからは個性化の方に向かうだろう。

　"日本人はどうも画一的な方向に向かう癖がある。すぐ迎合する"という議論があるが、私はそれを認める。変な話であるが、外国と比べると日本人の方が誰もかれもネクタイを締めている。画一的であるのを好むというか、そうしなければそのコミュニティーに居られないからである。しかし、みんなが真っ黒な洋服を着たとしても、ネクタイだけは個性を出そうとするだろう。これは何も日本人ばかりではなく、欧米の場合でも同じである。

　古い話だが、1940年に私は約半年ばかりアメリカで生活したことがある。洋服を買いに行くと柄が少ない。選択の自由がなくて今の中国のような感じである。私はネクタイで個性を出そうとしていた。同様に女性も画一的な洋服しかない。しかし、帽子とは言わないが頭の上に乗せるもので個性を出していた。

　あるとき、夕食に誘われたことがあった。ごちそうしてくれると言っていたが、結局どこの家に言っても同じようなビフテキ、同じ

ようなチキンを出される。しかし，デザートでアイスクリームのようなものだが，のせてあるものがちょっと違うというところで個性を出している。

　画一化と個性化，この二つのものはいつの世にもある。アメリカ人でも持っているのである。ただ，彼らの画一論の背景にはコストベースの考え方があって，例えばこの洋服の方がほかの洋服より安いからということでやっているだけである。

　しかし，日本人も欧米人も一人一人が個性を出そうとしているということだけは間違いない。欧米はコストの面から画一化に向かってきているが，これからの日本は何とかして多種少量生産をやるべきである。これは私が以前から強調してきたことだが，"画一化が……"という迷信を打破するのは大変時間がかかるようである。

多種少量生産をこなせ

　これからの日本の進むべき道は，新製品開発に関しては多種少量生産でもいいという背景をつくり，非常にバラエティーのある問題を容易にこなす技術を確立することではないだろうか。そうしているうちに自らある品物はよく売れる，あるいはそれほど売れないということが社内で起こってくる ── それでいいのである。

　したがって，現場の人たちが多種少量生産をうまくこなせるようなシステムをみんなで考えて，それがちゃんといくように工夫すべきである。そこにすべての人たちの知能的所産が現れることになる。

　私は東芝で真空管の製造技術を日本的に確立した。この真空管の考え方は画一論であった。つまり，ソラ（万能真空管）という真空

管を一種類だけ使ってあらゆる性質を代行することができ，検波にも使えれば増幅にも整流にも使え，この真空管を一種類だけ持っていると何にでも使えるという極めて画一的な考え方で製造を開始した。その当時つくっていたあらゆる真空管をたった一種類にまとめて同じくらいの数量をつくってみた。

これは確かに一つのやり方であった。コストを考えると，検波は検波，増幅は増幅とやった方がむりがない —— それは考えてはいたが，戦争という状態だからやったのである。

やがて，姫路に真空管の大量生産設備として工場をつくった。終戦になったときも幸いその工場は壊れなかったので，唯一の真空管製造工場として稼動していた。そのうち，トランジスタが出現した。トランジスタが生まれたから真空管工場は閉鎖してしまえという意見も出たが，せっかくつくったのだからという気持ちがどこかに残っていて，トランジスタはトランジスタで始めた後もその工場を残しておいた。

ところが，そこで不思議な現象が現れた。あっちこっちで真空管の製造をやめて姫路工場だけでつくることになると，どうしても多種生産をやらなければならなくなってきて，それに全能力を注いだ。当時，オートメーションなどをやるのに大変優れた成田という人がいて，彼と一緒に多種少量生産に向く自動機械の製造を始めた。先に述べた段取り替えの極めて容易なものをつくろうということで始めたのである。

それが当たって，むしろ国内のためにやったのだが，とうとう世界中の真空管を全部東芝の姫路工場だけでつくることになった。世界中がどんどんトランジスタに変わっていくから，注文がくる真空

管は多種少量生産にならざるを得ない。多種どころではなく，それこそ世界中のすべての真空管をつくった。多種少量生産をいかにコストを安く上手にやるかという点に技術を集中した成果が出たわけである。

いろいろな工業においても，少種多量生産でなければならないという凝り固まった思想を打破して，多種少量生産を巧みにこなさなければならないということを考えていただきたい。その上で，機械的，設備的システムを考える。と同時に，多種少量生産という意味で人間の考え方の中にある"専門"という言葉に対する一つの迷信を打破していただきたい。

多能工をめざせ

外国ではギルドの関係があるせいかもしれないが，専門でなければならないという非常に狭い思想が強い。一つには，その人自身の職業的な意味での自己防衛でもある。つまり，自分の職業的な自己防衛上，専門家であることに対する誇りを持っていて，それが反映して外部の人までが専門家なら何でもいいと思い込む。しかも，狭ければ狭いほどその人は造詣が深い，能力が高いと思ってしまう。

北極点到達のために，日本大学の人はたったひとりでできることを 10 人かかってやっている。北極点に犬ぞりで行くのに日本大学の人たちは植村直己氏の 10 倍の規模でやらなければならないと思っている。その基本的な考えはどこからくるのかというと，天測の専門，写真の専門，報告書を書く専門，犬を扱う専門，通訳専門，……等々みな専門で，他の人はその専門を侵してはならないことになっている。だから，10 倍も人がいることになる。植村氏は自分

ひとりで写真も撮れば天測もやる，通信もやる，報告書も書くという具合に何でもひとりでやる。その違いが出てきたのである。

これは極端な例を述べたのであるが，会社の中で専門ということにこだわってはいけない。もっと仕事について幅を持ち，しかも十分な深さを持たなければならない。多種少量生産の合理化とこの問題は，非常に深い関係にあることを忘れないでいただきたい。

現にトヨタ自動車では3台に1台は違うタイプの車が次々と流れてくる。どんな車種でもひとりの職工がこなすようになっている。また，ここにつけ，あそこにつけというとき，いま動いているものについていけるようになっている。そういう多能工にならなければならない。

機械でも一つの部品を取り替えれば基本的なプレスは同じ機械でできるのと同じように，人間も簡単に頭を切り換えることができればよいのである。また，道具一つでも，そういう道具を備え付けておけばいいわけで，こうしたシステムでやっていかなければならないだろう。これがまず第一の考え方で，これからの新製品開発に対するねらいに加えてもらいたい問題である。

理 想 へ

新製品を考えようとすると，批判的な人があまりにも多すぎる。評論家が大勢いすぎる。ああでもない，こうでもないと文句を言う。これが新製品開発に大きくじゃまをする。どういうふうに考えたらいいのかと言うと，最初はコストのことは何も考えずに極めて理想的なものを考えるのである。

例えば，雑音のないルームクーラーを考えるというとき，誰かが

こういうものを付けてみたらどうか，こういうサイクルでやってみたらどうかと提案したとする．すると，それは高くつくとコストを持ち出してすぐ批判的になったり，"それはうちの得意芸じゃない．そんなことをしたらダメ"と言う人がいるが，最初はそれを一切遠ざけて，いくら金がかかっても構わない，いくら手間がかかっても構わない，とにかく雑音のないルームクーラーや電気洗濯機をつくってほしいと言うのである．

しかし，いくら金がかかってもいい，それをやってくれと言っても，批判的な人がいるだけではなく，やる人自身にもためらいがある．それはやはり，その人の心の奥底にそんなことをしたら高くつくという不安がありすぎるからである．したがって，どうしても理想的なものを現実につくってみようとしない．

私はそれをやれるようにならなければダメだと思う．まず本当に理想的なものを考えて，だんだん現実に近づけていく．本当に雑音のないものが完全にできたときに，今度はどうしたらコストを下げられるかと二段構えで考える．多品種になる可能性があればそれもこなせるように考える．多品種が少量生産になるのは，むしろなるのであってするのではない．

理想的ということは最高の性質を持つものという意味で，まずそれを考えてからだんだん現実に近づけていく．現実に近づけるからといって，理想を下げるのではなくコストを下げる，あるいは多種少量生産に耐えるものにしていくという具合に持っていく．これが，第二に考えなければならない問題である．

資源効率へ

　第三は，資源効率という問題である。従来から効率という言葉をよく使っていた。例えば，労働効率，労働生産性ということをいつも問題にした。特にその中でも労賃を安くする，頭数ではなくて安もののレイバーでことがすむようにということで，賃金そのもので割って生産性を論じたこともあった。その次には，労働人数，つまりひとり当たりということでものを考えた。労働効率をうるさく言われた。特に高度成長になると，労働者の数を獲得することが困難になり，そういうことが重要だった。

　石油ショックが起こると，今度は資本効率という問題に変わってきた。銀行屋が現れて会社の重役陣を牛耳るようになり，場合によっては社長交代ということも起きた。そのときに資本効率を非常に強く言った。早く回収しなければいけない，長いこと置いてつぶれるようなことがあっては大変だということから，非常に大きな影響が新製品開発関係の開発費に響いてくることになった。

　アメリカでは最近特許件数が非常に減ってきて，技術輸出も減っている。これをさかのぼって考えると，資本効率がうるさく言われ，銀行屋が乗り出してきた時期と一致する。確かに最初に削ったのは研究開発費であり，大量の技術者がいらなくなったということが現実にある。

　これがどういうかたちで影響したかというと，結局会社の信用の問題に関係してきたのである。信用という問題は焦点距離の大きな問題で，開発費は未来の問題であり，会社の信用が落ちるというのはもっと先のことである。目先の資本効率を言って今日が大事だからということで，そうなってきたと思う。この問題は何も日本だけ

ではなく，間もなく世界全体の大きな問題になってくるだろうというのが私の予測である。

これからは労働効率でも資本効率でもなく，おそらく資源効率という言葉が非常に強くクローズアップされてくると思われる。資源効率という問題はもちろんエネルギーにも関係あるが，もっと大事なことはモノそのものである。資源効率の問題が新製品開発のねらいとどう関連するのかというと，寿命の問題である。今までの使い捨てという考え方は製品の寿命を極めて無視したものだったが，これからは一つの品物が何年も使えるというものでなければならない。

昔，私が真空管をやっていたとき，送信管という少し大型のタングステンのフィラメントを使ったものをつくっていたが，寿命を数十倍に延ばすことに成功した種類があった。そうしたら，たちまち売れなくなって，重役から"お前が余計なことをやって寿命を延ばすから，こんなことになった。いつまでも持つ真空管をつくったのではどうにもならん"としかられた。

そこで，寿命が延びたのだから値上げした。原料もつくり方も同じで技術的にちょっと工夫しただけであり，金のかかる改良はほとんど何もしていない。当然，原価は同じで，値段を上げて損失を少なくしようとした。

ところが，それでもダメ。値段を倍に上げても寿命が数十倍あるからとても話にならない。仕方がないので，リベートのような意味で，寿命がもったらまた金を払ってもらおうということになったのだが，逆に，真空管を大事に使うようになったから寿命が延びたのだ，その分の金をよこせといわれるなどで大変もめた。結局，大損

にはならずにすんだのだが。

考えてみると寿命を延ばすときには，こういう問題が必ず出てくる。そこで，今までの商業政策的な考え方を考え直さなければならない。

先に理想的なものと言ったが，その中に長寿命ということを入れることは，資源効率からして非常に重要な意味を持ってくるだろう。世界がだんだんそういうムードになっている。製品の寿命が長くなるということは，理想的と称するもののうち，誰でもいつまでもそれを要求するであろうという性能を持たせなければならないことになる。いつまでたってもあきのこない長寿命のものを理想的と称するものの中に織り込まなければならない。

これからは資源効率ということを打ち出して，それでいて個性を尊重するようなものになるだろう。製品の個性の中に長寿命であることが要求されているということを忘れてはならない。

新製品にはそれが考えられ始めてからだんだん大量生産に入っていき，あるところまで達すると今度は下がってきて，ついにその品物は売れなくなるというライフサイクルの問題がある。ライフサイクルをどう延ばしていくか，個々の製品の寿命が長いということだけではなく，商品そのものの息の長いものも考えなければならない。

1.2 研究者のあり方

迷信を打ち破れ

これからの研究技術者は，いろいろな技術能力を発揮しなければ

ならない．従来，専門家がいいという迷信が災いしている面が多かった．専門家は技術開発に対してむしろマイナスに働く．誰かがいい案を持ってきても，その人がいわゆる専門家面をして排他的になり，ほかの人の案を退けて殻の中に閉じこもって，その殻が職業的な自己防衛という形で現れる．こういう意味の専門家＝プロというものを私は否定するし，みんなで打破しなければならないと思う．

専門家だからということをそれほど重要に考えなければ，本人も幅を広げようとする．ゼネラリストであることを奨励するのである．極めて職人的な専門家がいてもいい．しかし，それはある意味ではランクが低い．ランクという意味は社会的なランクと言ってもよく，専門家面をしたらみんなでけなすことの方が大事である．

このごろは専門家がどんどん分化していて，例えば原子炉の燃料の研究をしているとすると，原子炉全体からみると燃料は一つの分野にすぎず，原子炉の燃料の中でも，そのつくり方ならつくり方の研究だけで，できたものの性質とか，原子炉全体に対する燃料の問題については極めて素人だということもある．燃料のつくり方についてはエキスパートで文献その他を片っ端から読んでよく調べているだろうが，原子炉の燃料全体についてはよく知らない．極端に言うと，ほかのことについては新聞の情報以外，何も知らない．

にもかかわらず，外から見てあの人は原子炉の燃料の専門家だということになると，燃料の性質にかかわるあらゆることを知っているかのように思う．燃料のことだけならまだいいが，原子炉のことならその人に聞けということになってしまう．ジャーナリストに聞かれて実際には何も知らないのにいい加減なことを答えたりして，それがダーッと広まる．

外国の技術者はどうかというと，自分の専門以外のことは知らないとはっきり言う。知らないことは知らないとはっきり言った方がよい。

ほかの人が専門家を特別扱いすることによって，殻をつくらせる方向に向けていっているのである。しかも，その殻の中たるや充実しているのではなくてガラガラである。これが，研究開発に非常に災いしているのではないだろうか。研究技術者と称する人たちは，もっと幅を広げ，もっと多能工になり，専門という迷信から抜け出して幅ということについて敏感でありたいと望む。

自己研鑽しろ

次に，これからどういうふうに自分を磨き，幅をつけていったらいいかという問題を考えてみよう。

2章で学者と技術者の違いについて述べるが，いま必要なのは学者ではない。学者というのは，知識をもてあそんでいる人である。もてあそぶというと言葉は悪いが，本で勉強した知識を後生大事にして，知識だけにこだわっている。ところが，技術者は知識ではなく，それをいかに応用するかということが大切である。逆に言うと，応用できる知識を持っていなければならない。少なくとも本などから得た知識が本当にその人のものになっていないといけない。

では，それを自分のものにするためにはどうしたらいいかというと，結局，体得するしかない。そのためには，まず足を使う，そして手を使い，目を使う，さらに頭を使う。ただ机の前に座っているだけではなく，何かやるなら，おっくうがらずにまず歩いて，隣の部屋なら隣の部屋に行ってみる。そこに何かあったら，それを手に

取ってみる必要がる。手に取ったものを目でよく観察し，音を聞く。その結果，頭で考えたときに初めてその知識が自分のものになる。

　これは分かりきったことなのに，どうもおっくうになってしまう。なぜかというと，こうしたら損だ，隣の部屋に行ってもどうせ何もない，当たり前のものがあるだけで少しも得にならないと，自分の能率だけを考えるからである。じっとして本でも読んでいれば大勢の人がやった研究成果が出てくるから，出かけて行く必要はないと何もしない。

　足で，手で，目で，頭で考えてみるということをやって初めて体得したことになる。そうして体得した知識こそ応用し得る知識であり，応用の才を発揮するためにはそうした知識をたくさん持っていなければならない。

　その次に，一体何が要求されているのか，あるいは目的は何かということを強く持つことである。しかも，よく分析されたものを持

たなければならない。

　先に述べたように，理想の要求があって雑音のない電気洗濯機や電気掃除機をつくりたいということになったときに，一体雑音のない電気洗濯機とか電気掃除機とは何だろう？　それは音のしないモーターだというところまでその要求を分析していかなければならない。仮に音のしないモーターがないからいけないのだということになると，最終目的は雑音のない電気掃除機であっても，雑音のないモーターをつくらなければならない。

　では雑音のないモーターとは何かというと，雑音のないベアリングだというふうに分析する。雑音の出ないボールベアリングとは？ボールベアリングの表面は真円になっているか。あるいはサイズがばらついていないか……というふうにだんだん分析していって，最後に知識でその要求にマッチするようにもっていけばいい。

　そのためには，いろいろなことに応用できる体得した知識をたくさん持っていなければならない。例えば，ボールベアリングが多角形だというなら，素材それ自身の結晶学的な問題であるかもしれない。だとすると，金属の結晶についての本を読んで知っていることと，自分が顕微鏡で見たことでは，大変な違いである。オーステナイトそれ自身の温度を上げて焼き入れしてみたり，そうでないものを顕微鏡で見たりしていれば，非常にいい仕事ができる。一度そういうことをやっていれば，本を読んだ場合でも体得したのと同じ価値を生じる。

　そういう意味で，まず足をまめに使って応用のきく体得した知識を持つべきで，そのあとは分析能力である。これもただ頭の中で分析するだけではダメで，実際に調査，観察することが重要である。

1.2 研究者のあり方

こういうことは，学校では教えない。理科系の学校を例にとると，工学部や理学部があり，同じ工学部の中でも電気や機械がある。さらにそれが細かく分かれて大学の組織ができている。大学の教授の数を増やそうとすると，どうしても新しい講座の名称をつけなければならない。新しい名称で申請すると新しい講座ができるのであるが，今度はその言葉が専門の幅を限定してしまう。大学の教授は何をしているのかと言うと，結局ハンドブックに書いてあるような内容を教えている。ハンドブックの中のいろいろな数値や事柄を知識として使うのが技術である。

したがって，大学で数値をいくら教えてもらっても何の役にも立たない。それよりはハンドブックの使い方を教えてもらうべきである。テーマをもらってそれに関するハンドブックの応用の仕方を自分自身で体得することである。私はそれを身をもってやってきた。

私が学生であったころ初めて出版された"フィジカル・アンド・ケミカル・コンスタンツ（Physical and Chemical Constants）"という割と厚い真っ黒な表紙の本があった。私はそれを黒本と呼んでいたが，その本の1ページ1ページを全部読んだわけではなく見たのである。何が書いてあるかは，ちらちらと見たら分かる。タイトルがあってそこにはほんのわずか説明がある。ここにある数値は千九百何年に測定されたものであるとか，この数値を使ってパイプの強さを計算するにはこういう使い方をするという例が載っていて，そういうところは私も勉強した。1000ページくらいの本であるから，毎日少しずつ見ていくとこの黒本の中に一体どういうことが書かれていて数値がどういうふうに使えるかということがちゃんと分かる。それも覚えている必要はなく，あそこに何か書いてあっ

たなあということが思い出せればそれでいいのである。

　極端に言うとあらゆるハンドブックがあれば非常に幅の広い技術者になれるのだが，そういうことは存外大学では教えない。学問をするためだけの学者養成所が大学のシステムのようになっている。そこでよく文部省と科学技術庁がけんかする。科学技術庁は応用の才に対して非常に高い価値を認め，知識を応用することこそ大学だと言っているのであるが，実際はそうではないのである。

観察力を養え

　専門に対する迷信を打破し，その次に要求に対する分析能力を持ち，応用のできる才能を開発するのが技術者として非常に大事なことである。分析能力というのは，実際の調査の仕方である。実は，私も初めそこまでは分からなかった。私はラボラトリー育ちであったから，ものごとはニュートン力学のように極めて正確無比で誤差やばらつきのない事実から発するという観察の仕方しか知らなかった。すなわち，非常に理論にとらわれていたのである。

　例えば，ボールベアリングのボールは真円でなければならない。それが多角形になっていて雑音が出るというのは，理屈としてそのとおりだし，現実にもそう言える。しかし，この程度のばらつきなら，どの程度の雑音が出るかということになってくるとちょっとあやしい。さらに現物を持ってきたときに，この程度のものであればどの程度のばらつきが出るかという予測は定量的にはできない。それを調べようとすると，データの誤差やばらつきが出てくるが，ばらつきのある誤差の大きい数値の扱い方に対して私はあまり能力がなかったのである。

1.2 研究者のあり方

　統計的品質管理をやるようになってから，統計というものの意味が非常によく分かるようになってきた。ばらつきのある社会で，ばらつきを持ったものの中から判断していかなければならない。例えば，温度とある性質の関係を測ってみたときに，きれいに直線上に乗ってくれれば問題はない。これは理論であって，延長することが十分できる。

　ところが実際はそうではなく，現実というものは最初は点である。仮にその点がバラバラに分布したとすると，これから結論として，温度とある性質との関係について実際に調査できるかと言われたら，ばらついていると言うだけであって，温度を高くするとこの値が大きくなるか小さくなるかということは分からない場合も出てくる。たとえ分かったとしてもある程度しか分からない。

　そこで問題になるのは，実際の調査の大事なところはどこにあるかということである。それは，いわゆる層別思想をはっきり体得することである。

　例えば，ばらついているときは，測った温度を雨の日，快晴の日と分けてその日の天候で層別してみる。ここで初めて温度と快晴の日，雨の日の関係が分かるかもしれない。このように，今まで全然分からなかったことが層別することによって分かってくる。分析能力の中に層別思想を持ってこないことには本当は分からない。

　これは専門家というものの反映である。私は専門家というものを否定したが，それでいて多能工でなければならない。ということは，人のふんどしで相撲を取る技術を考えてみなければならない。自分のものだけで何でもやろうと思ってはいけない。世間には専門家と称して非常に深い造詣を持った人がたくさんいるから，自分は多能

工になるために専門を否定しても，そういう人から知識を集めなければならない。

それにはどうしたらいいか。水は高きより低きに流れる。自分が下の方にさえいれば自ら集まってくる。それを，自分がと思っていたら決して水は入ってこない。例えば，植村直己という人は人に好かれる人間で，それはどこからくるかというと，彼自身が傲慢ではなく謙虚なのである。おれは知っているぞという顔を一切しない。低いのである。言い換えれば何も分からないという顔をしている。てらっているのではなく，自分で確かにそう思っている。

誰かにそんなことも知らんのかといわれて，"それぐらい知ってるわい"と答えたくなるところを抑えて"知らん"と言うと，"そうか，知らないのならしょうがない，教えよう"ということになる。人間というものはおかしなもので，一度それをやると相手に対する親しみが増してくる。相手は喜んで教えてくれるわけである。

これが新製品開発がこれから向かうべき一つの問題である。これからの社会は極めて不確定性の多い社会だと言われる。しかし，私に言わせれば，初めから不確定なことに決まっている。ばらついている以上，どこへ出るのかと言われても分かるはずがない。ばらつきのない社会なら未来の予測もできるが，ばらつきがあるからできないのである。

また，確率という考え方ではできるだろう。平均値のまわりに現れる確率は一番高く，それから離れて現れる確率は低いということは予測できる。しかし，現実にやってみるとどこに現れるか分からない。それをいまごろ不確定であるなどと言っているのはおかしい。程度の差こそあれ，今までだって不確定なのである。どっちみち不

確定であることは間違いないのだから，初めから不確定であるという前提のもとに今日までやってこなければならなかったはずである。

競　走　を

　それでは，不確定な要素がいっぱいある中で我々は一体どう対処していくべきか。新製品を考える場合に，この製品は売れるか売れないかという予測をして五分五分であるなどというのでは話にならない。私は製品を一つだけ考えるからいけないのだと思う。もし，10 なら 10 の製品を一度に考えて，そのうちの半分はあたり，あとの半分はダメかも知れないと思っていれば腹も立たない。相当高い確率で当たる。半分というのは五分五分か，四分六か知らないが，やってみて落ちるものは落としていけばいい。

　それでは不経済だ，コストに響く，手間がかかる，二重投資だと言われるが，これから先程度の差こそあれ不確定であればあるほど複数でもってパラレルに進めるという考え方をしなければならない。二者択一という考え方ではなく，二者より三者，三者よりは四者の方がいいという考え方に徹するといい。これもあれもという考え方でいくのである。

　非常に不経済に思われるかも知れないが，二つ，三つやったとしても，そう数は変わらない。それによって費用は必ずしも高くなるものではない。大事なことは，二者以上をパラレルに進めていくことによっていつも比較検討ができるということである。つまり，責任転嫁や，言い逃れができない。時勢が悪いからダメだと言うが，一つしかやっていないと果たして時勢が悪いからか，やり方がまず

かったからなのか分からない。もし，違う人が別のやり方をしてそれぞれパラレルに進んでいたなら，時勢が悪いのは両方同じ条件で，やり方の良し悪しが比較できる。そこにいい意味における競走原理を働かせなければならない。競走原理を働かせるには，いくつかのものをパラレルに進めていくことである。

コストが高くつくというが一つやってダメになったらゼロだから，その危険分散という意味もある。さらにいいのは，お互いに刺激し合い，励まし合うことである。一つだけやるのは，モノポリーだからノホホンと怠けていられて非常にいい。パラレルにやらせようとすると，"そんなバカなことはせんといて下さい。費用も二重投資になる。それだけ出す金があるなら両方に出す金を私のとこだけに下さい。必ず成功してみせる"という具合に考え，競走させられたのではかなわないという意識を持つ。

コントロールド・コンペティション（controlled competition）とでもいうか，巧みなアンパイヤがいて，しょっちゅう両方の情報交換をしてなるほど悪かったということが自覚できるところまで進んでいけばいいのである。常に情報交換をして，お互いに片方の情報を使ってもいいことにするとどんどん進む。

ときとして全く同じものになるかもしれない。違うかもしれない。確かにこれが世間に受けない品物であれば，なるほど浮き上がっているなあということが分かるまで進むのであるから，負けた方の人も十分納得するだろう。

大事なことは，負けた方の人は次にやるときのために大きな教訓を得るということである。非常にいい体験をしたことになる。

パラレルに進めると，費用がかかる，二重投資だというが，それ

は研究開発のやり方によってカバーできる．変なところに力を入れて，かんじんなところが抜けていたりしたら大変な損失である．たとえ費用が半分になっても，いらないことをすることはない．本当にかんじんなことだけやればいいという考え方を持たなければならない．

大物を探せ

このことを前提にして，提案制度を考えてみると，専門家の意見は，むしろ素人の意見を無視するためにあると言ってもいい．したがって，そこにひとりの非常に優秀な専門家がいるなら，その人はその人でどんどん進めたらいい．ほかの人の意見を評価するとか批判する立場におかない方がいい．その人自身の研究をその人自身が進める限り非常に結構なことである．

決して否定するのではないが，専門家は他者の提案に対して育ての親たり得ない．このことをよく考えていただきたい．誰かが提案を持ってきて，専門家にこの提案を育ててモノにしてくれと頼んでも，専門家は決して熱心にやらない．素人の意見を採用してそっちがよいということになったら，沽券にかかわる，面目丸つぶれだということが心の奥底にある．そうは簡単にいかないということになる．

むしろ，素人でもっと幅の広い人，事務屋の方が知らないからいいのである．そういう人なら育てようという気になる．課長とか部長などは，技術の専門家面をした人がそろっていて，その人たちが大きなマイナスになる．そういう人は下の人が持ってきた提案をけとばすことを業にしている．それよりは，専門家ではないかもしれ

ないが，例えば極端ではあるが町工場のおっさんなどでひともうけしようという意欲だけは非常に持っているようなタイプの人ならば提案をとりあげてくれる。

労働者はただ身体を動かして働くべきであって，案と知恵を出すべき人間ではない，それに知恵を出させたのだからその知恵に対する褒美（ほうび）をやらなければならない。その知恵にもいろいろあるから等級をつける —— これが従来の提案制度で，1等，2等を決めるのが提案評価委員会の目的である。

本来，そういうことは決められないということを私はしばしば強調している。生まれたばかりの子供をつかまえて，将来大臣になるか乞食になるかと言ってみたところで始まらない。育て方によって大臣にも乞食にもなり得る。大事なことは，その子供に本当に愛情を持って心から育てる人がいて初めてできるということである。

提案制度にどうしても評価制度を持ち込もうとするが，誰を育て親にするかを決めるような委員会ならいいと思う。育て親委員会とでもいう名称がいいかもしれない，育て親の選定はどういう基準でやったらいいかというと，それを実現する場合，どれだけの部署を動員する必要があるかということを頭に描いて，その範囲を統括する能力のある人を育て親にするのがよい。

全社をあげてやらなければならないという大きな問題なら，社長がやるべきである。ちり箱は三角にした方が隅に置けていいという提案のときは，実現のために社長まで動かす必要はないから，事務の課長がやればいい。しかし，発注するとか図面を書かなければならないという場合には，それを動員できる範囲の人が育て親になった方がいい。これがプロジェクト・リーダーと称される人である。

もし，社長はできないから部長がやるというときは，この問題に関する限り社長の権限を委譲したかたちにしなければならない。

　ところで，そういうことばかりやっていると確かに会社の組織を乱すことにもなる。しかし，新製品は会社の運命を左右する重大問題であるから組織を乱すように見えても止むを得ない。それを避けるために常置の開発機関を設けるやり方もあるが，これは一つの妥協の方法である。私に言わせるとマンネリズムになりやすく，競走原理を働かすことができない。普通，そういう部署が二つ常置されることはあり得ないから，どうしても画一政策になってしまう。

　非常置とか臨時とか，特別な事情である問題と常にある問題とが混在しているのが会社の運営である。どっちかにかたよるとうまくいかない。会社には組織いじりという道楽がある。縦にしたり横にしたり，一生懸命になって並べ替える。並べ替えたときはこれで一安心ということでやってみるが，実際にはうまくいかない。また欠点が現れる。そして半年か1年後にまた並べ替えるという具合に組織いじりばかりして我事成れりと思っている会社がある。これは非常に恐ろしいことである。

　縦割か横割かというのもしかり。確かに日本は縦割の社会で，政治の派閥から会社の中に至るまでに小さな縦割がいっぱいできている。縦割社会が諸悪の根源であるかのように言う人もいるが，私はそうは思わない。縦割で結構。そのかわり，縦割の欠陥を補って横の連絡がよくとれるような運営組織を持てばいいのである。いきなり横割の組織にするということではなく，縦割にしておいてそこにプロジェクトチームをつくることによって横の連絡をとるというやり方もある。

戦争中の一番きつい縦割社会は，陸軍，海軍の派閥だった。その間にはさまれた私ども民間の人間は本当に困ったものである。忠ならんと欲すれば孝ならずということで両方からいじめられる。また，私が原子力船をやったときは，原子炉は科学技術庁，船は運輸省，燃料をつくるのは通産省である。南極のときもまたしかり。各省とも足の引っ張り合い，頭のおさえ合い，予算の奪い合い。ともかく激しい。

　それをどうしたかというと，運営という組織――南極のときは推進本部をつくって，茅誠司さんを中心としてプロジェクトチームをつくった。昔の海軍，陸軍においても予算の奪い合いはしたが，結局，両方組んで軍事費に大きな予算をとってきた。けんかしないためにどうしてやっていたかというと，大本営があって天皇陛下が位置し，両方うまいこと運営の調和をとらせていた。このように一緒に協力できるような体制にすることが非常に望ましい。

　むしろ縦割社会だからいいといえるようにするにはどうしたらいいかを考えなければいけない。縦割がいいか，横割がいいか，あるいはプロジェクトチームで運営するのがいいか――組織を考えるとき，現在の状態を是認した上で運用の妙とでもいうべきもので補うべきである。組織いじりは5年に一度か10年に一度やればいいことで，毎年組織をやたらと変更するようなことではいけない。できれば，新製品開発という問題はプロジェクトチームでやるべきで，そのリーダーは育て親でなければならない。

　このような考え方を基本に，私が携わってきたいろいろな体験を中心に，これからの新製品開発に対するアプローチの仕方を次の章から述べることにする。

2
科学・技術と研究の促進

2.1 科学と技術

研究・開発を直接やったことのない人は，研究も開発も，科学も技術も，明確な区別をしようとはしない。そして，その運営も管理もごっちゃにしている。また，会社や公立機関に研究所とか研究部というのがあるが，経営幹部の中には一体そこで何が行われているのか分かっていない人が多い。技術畑の人でさえ，研究所が何をするところであるかということが明確でない場合がある。

そこで，巻末とじ込みの付図は，研究・開発の基本とでもいうべき系統図をまとめたものである。したがって，付図を常時開いておいて参照しながら読み進んでいけば理解に役立つであろう。

さて，研究という言葉の前にいろいろな言葉をつけて，純粋研究，学術研究，基幹研究，基礎研究，目的研究，応用研究，ターゲット研究，開発研究，調査研究等々，いくらでも言葉がつくられる。これではいたずらに混乱するばかりである。

これから述べていくなかでは，表 2.1 のようにわずか四種類にし

表 2.1 "研究・開発" の区分

Science (学) 研　　究		Technology (術) 技　　術	
Fundamental Research 基礎研究	Applied Research 応用研究	Development 開発 [実際化/実用化]	Technical Service 試験研究
academician	inventor	engineer	technician

表 2.2 "研究・

	Science ＜研　究＞	
	Fundamental Research 基礎研究	Applied Research 応用研究
これをやる人を何というか	academician	inventor
何をすることか	新知識を得る	新しい可能性を立証する
それを何というか	発　見	発　明
何がつくられるのか	学術論文及び他部門へのコンサルティングなど	特許など
何を前提としているか	理論・仮説がある	着想がある 見込みがある
何を動機としているか	燃えるような探求心でやる	創造的情熱でやる
結果の報告はいつするか	学界時期に適当に自由に	各段階で報告
計画はどうするか	全くとらわれない	計画柔軟
態度はどうか	endless・徹底的	発散的・試行的
どんな方針をとるか	協力態度・友情・自由尊重	自由意志尊重
どんな性格の人がよいか	専門には深い物知り	応用の才能・大胆・根気
どんな研究態度がよいか	深さが必要 （スペシャリスト）	部分的 キーポイントだけ
どんな方法がよいか	むしろ例外を探せ	try and error
完了納期はどうするか	長期間　納期は問題にならない	各段階ごとにある程度納期の見当がつく
手順はどうか	仮説的予期──実験──理論	着想──実験──試行
予算政策はどれがよいか	つかみで任せる	要求の都度予備金から
評価の仕方は	学界の評価	評価指導
失敗があるか	必ず何らかの論文は書ける	リスクが非常に多い
何に責任があるか	結果の記述以外には責任がない	着想を育てる責任がある

開発"の区分

Technology ＜技　術＞	
Development 開発（実際化・実用化）	Technical Service 試験研究
engineer	technician
新しい事物の実際化	新しい数値を出す
新製品・新製法の完成	測定・試験
ノウハウ・仕様書など	データ・試験結果・分析値・物性値など
情報はそろっている 計画は立てられる	常に測定法の用意がしてある
社是でやる	他からの依頼でやる
規則的報告	1件ごとの報告
計画変更慎重	日常的・時間的作業が多い
収斂（れん）的・建設的	正確・几帳面
組織重視 命令系統厳守	試験所的性格
実行力 用心深い	奉仕的精神
総合的な面をうめる （ゼネラリスト）	綿密・正確
広範な知識・技術の活用 ハンドブックの活用	測定法の改善・標準化
拙速 納期厳守	短期間 納期厳守
設計——試作——試験	測定法の開発——実施
予算統制厳守	現金取引主義
評価決定	信頼確保
多少遅れても必ずできる	必ず答は出る
総合責任重大	数値に責任がある

か分類していない。しかし，この四種類は互いに全く異なる性質のものであるから，読者はその性格を注意深く比較し，その差異を十分把握し，それぞれに適切な運営・管理の方法を考えて実行することが肝要である。

俗に研究開発と呼ばれるものは，表 2.2 に示すようにその中身がそれぞれ大変違う。ところが，実際にはそれらを十把一からげにして研究開発という言い方をしたり，科学技術と言ってみたり，そんな言葉が世の中に氾濫している。

表 2.2 に Science とか Technology という言葉をあげてその下にずらっと言葉を並べているが，少なくともこの四種類のもの，"基礎研究"，"応用研究"，"開発（実際化・実用化）"，"試験研究"は，それぞれ大変違うということだけは十分に把握していただきたいのである。

まず第一に，"科学"と"技術"とは違うということを認識していただきたいのである。つまり，Science というのは"学"であり，Technology というのは"術"である。したがって，"学"というものは誰がやっても間違いのない普遍妥当性があるし，同じ答が出な

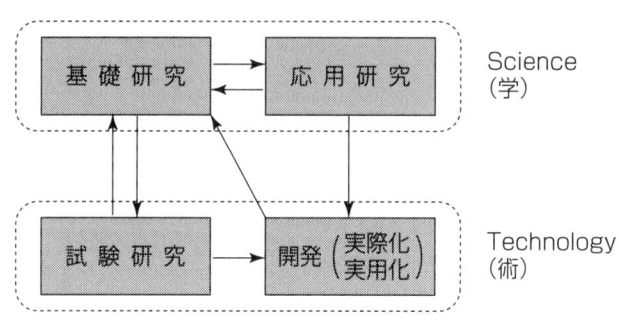

図 2.1　四区分の相互関係

2.1 科学と技術

ければ困るというものである。そして，"学"である以上，それ自身応用に持って行くわけではないから，どんなに狭くてもそれ自身存在の意義があるというものである。

よく"科学技術の功罪"という言葉を使うが，科学技術の功罪とは一体何であろうか。

科学と技術を一緒くたにして功罪と言っているのは"けしからん"というのが私の結論である。科学の"学"はあくまで"知識"を求めるものである。したがって，科学で得た知識というものは人類共有のものであり，普遍妥当性のあるものであり，それがいかに狭くてもそれだけの価値があると考えている。

逆の言い方をすれば，科学はそれ自身何の役にも立たないということになる。つまり，技術というものを経て初めてこの知識が役に立つということである。その知識が"目的"というものに結びついて，技術というものができる。知識自身は"知っている"ということだけであって，役にも立たない代わりに罪にもならないのであり，

それが目的と結びついたときに初めて役に立つと考えているのである。

　役に立つということは，逆に言えば罪もあるということである。しかも，"術"という言葉を使う以上，その人の性格なり，個性なりが反映すべきものであると考えている。したがって，科学というものは誰がやっても同じ答にならなければならないが，技術の方は人によって違ってもよいのである。

　だから，会社ならその会社の個性，あなたならあなたなりの個性，あるいは国として日本という個性，それが技術に現れても構わないのである。新製品という製品の中に現れていってもそれは当然のことであり，むしろ，その方が味があってよいと考えている。

　そういう"得"がある代わりに"罪"もある。その"罪"というものがどこから来るかというと，目的の罪から来るのである。つまり，目的が悪いからそれが罪になるのである。その目的が悪いというのは，その背景に思想や哲学という考え方があるわけである。

　例えば，ウラニウムに中性子が当たったら莫大なエネルギーが出るということは，知識の段階として結構なことである。それが戦争という目的と結びついたときに初めて原爆になり，平和目的と結びつけば発電所になる。つまり，その目的の罪というものは，戦争というものを是認するかしないかということによって決まるのである。

　だから，技術には，当然，倫理観というものが反映して然るべきである。このように考えると，科学と技術というものの性格が違っているということがお分かりになると思う。

　したがって，表 2.2 の左側の"Science"と書いてある方にはあ

2.1 科学と技術

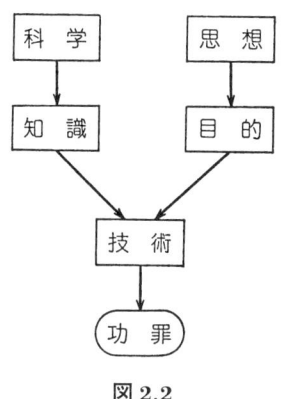

```
┌─────┐      ┌─────┐
│科 学│      │思 想│
└──┬──┘      └──┬──┘
   ↓            ↓
┌─────┐      ┌─────┐
│知 識│      │目 的│
└──┬──┘      └──┬──┘
   └─────┬──────┘
         ↓
      ┌─────┐
      │技 術│
      └──┬──┘
         ↓
       ╭─────╮
       │功 罪│
       ╰─────╯
```

図 2.2

まり功罪というものはない。それが，右側の"Technology"になると功罪が現れてくる。まず，このように大まかに考えていただきたい。

いま，仮に"Science"の方を"研究"，"Technology"の方を"技術"と言うとすると，研究の方はまた二つに分かれる。つまり，"Fundamental Research"と"Applied Research"である。ここでは，前者を"基礎研究"，後者を"応用研究"と訳しているが，この言葉が適切であるかどうか分からない。人によっては，前者に basic という言葉を使う人もいるし，また，ある人は難しいことをやるのが basic であり，いい加減なことをやるのが applied であるなどと考えている人もいる。

このようにはっきりしないために，私はわざとそこを二つに分類して，それぞれの態度が大変違うということをはっきりさせたのである。以下に，読者がどう理解していくかについて述べる。会社として，それをどういう態度で指導していくか，またこれをどう見るかということについて十分な配慮が必要である。

2.2 基礎研究と応用研究

　長い目で見るとき，その会社の将来の製品や技術の基礎となるような研究が会社の底力をつくってくれる。この基礎研究のテーマは会社の未来の発展を夢にえがいて，それに役立つと考えられる問題を取り上げなければならない。そのテーマは，あまり狭い範囲の応用にしか効かないようなものを選べば未来において当たりが少なく，さりとて，あまり普遍性のある問題を選べば抽象的になりすぎて，応用への距離が離れすぎる。最適のテーマというものは，未来の見通しの精度によってきまる。その見通しは会社主脳部が考えるべきものであるが，必ずしもそれを待つまでもなく，研究者自らも考えるべきである。

　しかも，これは未来において必要になると考えられる新しい知識をつくっておくのであるから，一種の"知識の見込生産"とでもいうべきものであって，他部門が将来買ってくれなくては困るのである。そのためにも，自らがコンサルタントとなって他部門へ売り歩かなければならないのである。

　一方，発明・特許こそは，会社が最も研究所に期待するところであって，これを生産するのが応用研究である。これを促進させる方策こそは会社の盛衰に直接響くものであって，研究所の運営上，最大関心事である。

　その基本的な考え方は
① 基礎研究とともに研究部門に属させ，開発と試験研究とを含む部門とは，全く異なった自由な雰囲気で運営・管理をすること。

2.2 基礎研究と応用研究

② 少しでも創造的情熱を鈍らせるような官僚的な運営・管理は一切とらないこと。

③ どのような着想も，実現可能性の検討や実験を十分にやってみるまでは，価値評価してはならないこと。

④ 会社は研究者に"育て親"（いわゆるパトロン）をつけて，一切の面倒を十分みさせること。

⑤ 予想はずれや失敗こそは発明のもとであるから，局面打開に激励と援助を惜しまないこと。

⑥ なるべく自分で実験や観察をすること。

この応用研究を中心とした系統を付図（巻末とじ込み）に示した。右側の中央以上が応用研究の部分であって，実験の中心は"実現可能性試験"と書いてあるところである。その下の方にある"開発"とその間の"出産"と書いてあるところが最も大切な境界であって，これを境として運営・管理の仕方は全く変わるのである。

図中左側は基礎研究の部分である。これはラングミヤー式発明のもとになる新知識の発見をするやり方を系統的に書いたものである。複雑な矢印の動き方をよく研究してほしい。特に発見は基礎研究だけでなく，応用研究・開発・製造・販売とすべての場からも"理屈に合わないこと"，"説明のつかないこと"，"変だと思うこと"などをヒントにしてできてくるということに注意を向けてほしい。

次に表2.2を参考にして，"基礎研究"と"応用研究"について述べていこう。

表2.2にacademicianとあるが，これをどういう言葉で表すのがよいのか，"学者"とでもいうのか，あるいは"象牙の塔"という意味にとっていただいても結構である。その横の欄にinventor

とあるが，これは発明家ということである。このように academician と inventor というふうに分けているが，academician より inventor の方がやや俗っぽいという気がする。

　ノーベル賞をとるという人は大体において academician である。江崎君なんかはやや応用研究の方で inventor として認められているようだが，ノーベル賞という意味ではやはり academician であろう。また，ノーベル賞をとったラングミヤーもある意味では academician であった。

　このように考えるとそれぞれの定義がはっきりしてくると思うが，この二つをどういうふうに区別するかというと，"何をすることか"という点で，"新しい知識を得ること"をやるのが academician，すなわち，基礎研究と名づけている方である。これに対して応用研究と称しているものは，"新しい可能性を立証すること"であり，実現可能性があるということを証明すればそれで発明が成立するのである（日本においては特にそうなのだが）。

　したがって，このことから"何が言えるか"というと，前者が"発見すること"であり，後者が"発明すること"である。それによって"何がそこでつくられるか"と言えば，学術論文というものは academician の所産であり，逆に言えば，academician は学術論文をつくるために科学をやっているのだといってもいいかも知れない。さらに，他部門へのコンサルティング（consulting）をやるところでもある。これは，誰かが知識を求めてやってきたときにお裾分けしてあげるという意味である。inventor の方の所産は，当然，"特許"ということになる。あるいは，ノウハウ（know-how）というものも入れてもよいかも知れないが，これは必ずしもまだ実

2.2 基礎研究と応用研究

施しているとは限らないので，入れない方がよいかと思う。

"なにを前提としているか"というと，基礎研究の方はその出発点は"理論・仮説がある"，応用研究の方は"着想がある。見込みがある"ということである。

それでは，それが"どういう動機（motivation）でなされるか"というと，前者は"燃えるような探求心"である。つまり，知りたいということが欲望のもとになっていて，後者は何かをつくりたい，知識を応用したいという"創造的情熱"がそのもとになっているのである。

"その結果の報告はどの時期にするか"ということになると，前者では"学界で，あるいは自由に適時やっていく"ということである。後者では"各段階で報告する"となっているが，これは"実現可能性の各段階で報告する"という意味である。

大事なことは，それをやるには"どんな性格の人がよいか"ということである。前者では"専門に深い物知り"，つまり，幅ではなくその深さが大事である。後者では"応用の才能・大胆・根気"が大事であり，これは探検的精神もさることながら，むしろ非常に勇敢に取り組んで，しかも悲観的（pessimistic）ではなく，楽観的（optimistic）に考えることが大事なポイントである。

さらに大事なことは，"予算をどういうふうにつけるのが良いか"という問題があるが，これについて前者では"つかみで任せる"となっている。これは，普通，高額になってしまい，年額いくらというような決め方をしてしまえば，その金額の範囲内ではどんな使い方をしても構わない。その代わり，年額これだけですよというのが大体基礎研究の基本的な考え方であると私自身は思っている。

一方，後者になると，新しいアイデアが出てきたときにその着想を立証するのであるから，その度ごとに臨時に要求することになり，"要求の都度その予備金から出してくる"ことになる。逆に言えば，もし発明を奨励しようというのであるなら，そういう予備金を十分に用意しておかなくてはならないのである。

2.3 開発と試験研究

我々が新製品開発をやるに当たって大事なことは，むしろ表 2.2 の右側の方，特に Development と書いたところである。Development を"開発"と訳すか"実用化"と訳すかということについてはいろいろな問題があろうが，その内容は基礎研究とか応用研究の問題とは大変に違う。

要するに，ここではどういうふうにしたらモノができるかというアイデアの段階はすでにすんでおり，付図でいえば，"製造"の上に"開発"とあるが，この段階である。つまり，すでに"実現可能性試験"はすんでいて"やれる！"ということが分かっている段階であって，ただ全部をやってみたことがないだけのことなのである。"やれる"という見込みは十分立っているが，そこで現実にやってみるというのがいわゆる開発の一番のポイントである。

表 2.2 の右端に"試験研究（Technical Service）"とあるが，研究所というものを会社が初めてつくったときに一番最初に必要とされるのがこれだと思われる。ここでは新しい数値を出すということが目的であり，方法論的に言えば，測定とか試験といわれるものである。

例えば，原子力研究所という所があるが，そこは何をする所かといえば，実は大半が試験研究に対する世話なのである。研究用原子炉というものがあるが，これはむしろデータを出すために使っているのである。

そこで，ここで働いている人というのは，どういう性格の人であるべきかという点について比べてみると，ここでは極めてサービス精神に徹した人で，忠実，正確，几帳面，綿密，奉仕的精神などを持ち合わせている人でなければならない。報告をするときは1件1件についての報告ができる人でなければならないのである。

したがって，ここでの予算政策はどういうふうになるかといえば，現金取引主義でなくてはならない。つまり，1件ごとに"いくらです"ということになり，その研究所の収入として入ってこなくてはいけないはずである。だから，こうした収入によって独立採算をするということもあり得る。

以上が試験研究関係の性質である。これに対応して"開発"という方は，実際にできてくるものはモノそのものであり製造ではない。開発段階においては"ノウハウ"だとか，"仕様書"というものができてくるところに値打ちがある。

例えば，原子力船の試作品をつくってみて，次に本式に原子力船をつくるときにはどのような仕様書で注文をするかといったとき，つまり，製造段階に至るまでがこの開発の段階である。

これを手順という観点からみると
① 設計するということ
② 試作をしてみるということ
③ 試験（運転試験のようなもの）をしてみるということ

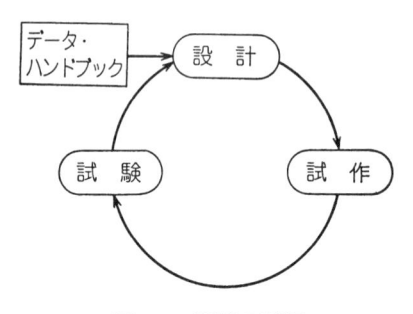

図 2.3　開発の手順

が問題になり，この三つがクルクル回ることをもって開発の手順と考えているのである。しかも，先にも述べたように"やれる！"という可能性がちゃんと分かっているのであるから，予算とかお金の問題についてはちゃんとした計画が立っていなければならない。したがって，ここではすべて予算制度であり，しかもその予算が守られているかどうかということを非常に厳格にフォローしなければならない。だから，納期厳守ということが非常に重要なことになってくるのである。このことを考えると，やる人の性格もほかの場合とは違ってくる。つまり，ここでは大勢の人間がかかわる必要があるから，軍隊式とでもいうか，そういう立体組織的な要素が生まれてくる。それでいてこれをまとめていくときには，ゼネラル（general）にいかなくてはならない。したがって，極めて幅の広い知識を持った人がかなり中心になってやる必要がある。通常，一人ではそうしたことをやりかねるので，普通はチームとしてゼネラリスト（generalist）的なものに仕上げていくという方法がとられているのである。

　開発は，すでに一応できるというメドのついたものを実際にやっ

2.3 開発と試験研究

てみることであるから，一切の運営は計画的な方策によるべきである。研究は燃えるような探求心や創造力で推進されるべきものだが，開発はもはや個人の情熱だけではできない。むしろ，たくさんの人たちのチームワークでやらなければならないことであるから，"この開発は社是としてやるのだ"という強い線が打ち出されるのでなければ成功しない。これらの点は全く研究とは態度が違うので，表 2.2 をよく見て各項目を比較し，その差異を把握して運営していただきたい。

この開発こそは，新製品開発の技術的側面の中心となるものであり，本章では，他の研究活動・技術活動との関係を知ってもらいたいのであるが，その心がけは 3 章末にゆずった。

先に試験研究の性質について述べたが，それを実施する人を technician とか，experimenter という。これを研究・開発の区分として記入することは当を得ないかも知れないが，研究・開発の面で非常に大切なものであり，小規模な会社でもこれだけはどうしても持っていなければならない重要なものでありながら，日陰者扱いになり，しかも面倒なことがよく持ち込まれるところなのである。

この部門は一般的な発見や発明を任務とはしていないが，ひまを利用して，より精度が高く，測定範囲も広く，より迅速に，より安価に測定できるような新しい方法を研究しておくことが仕事であり，また，依頼によっては，新しくその目的にだけ合う実験装置をつくって，最適値を求めるようなこともしなければならない。

ここの仕事は，研究というよりはむしろ技術あるいは Technology というものの一部であって，試験所とか試験室といわれるものである。ここでは，開発途上あるいは製造工程からの依頼によって，

いつでも必要なデータ類を出せるようにしておく。そのためには，日頃，測定器具を整備し，分析法を確立しておき，あり得べき実験の装置を用意しておく必要がある。通常，製造現場や設計部門に喜んでもらえる"便利な試験所"とはこの種のものである。ところが，人によっては，試験所を指して研究所とはこのような奉仕的精神に満ちた几帳面なものでなければ役に立たないと誤解しているむきもあるので注意していただきたい。

ここで仕事をしている人が，皆の役に立つ試験研究をすることを忘れて，研究者気取りであってはいけない。ここでは試験所的性格に徹しなければならない。必ずしも創造性は特に強くなくてもよい。本当の研究とは基礎研究や応用研究であって，試験所とは全く異なるものである。したがって，この部門は研究部門でなく，開発とともに別の技術部門に属しているべきである。だからといって，決して卑下する地位ではない。実に重要な立場である。

開発を促進させる秘訣

ここにいう開発行為とは，新製品開発の中でいま開発しようとする新製品のあるべき技術的な要求を基本的な仕様書にまとめ，いよいよこれによって新製品の設計をし，試作をし，実験室的な試験をする段階をいう。この段階は，全開発期間を通じて最も長い期間を要するものであって，それが促進されることは新製品開発全体を促進することになる。

したがって，これを実行する人は，プロジェクト・リーダーではなく，むしろ設計主任とでもいうべき人であって，具体的構想を実現するような人である。設計の基本的考え方は，すでに定まってい

るのであるから,プロジェクト・リーダーは,むしろ,設計主任の能力を十分発揮できるような条件を満足する環境をつくってやる役である。以下,設計主任を設計者ということにする。この人を尊重してしすぎるということはない。したがって,選定には慎重を要する。

　一体どうすれば開発行為というものが促進できるだろうか。それは,次の諸点を実行することである。

(a)　基本的な仕様書の内容は必要最小限度とする。すなわち,絶対必要なこと以外は指定しないで設計者の自由に任せる。

(b)　設計者の流儀を尊重して,他人は一切口ばしを入れないで,彼の流儀に任せる。"細工は流々,仕上げをご覧じろ"でやらせる。

(c)　設計者が決定を求めてきたことは,プロジェクト・リーダーが速やかに的確に決定してやる(仕様書の不備によるあいまいさ,または設計者が決定に苦しむようなことなど)。

(d)　設計者が要求する情報資料を情報センターその他の外部機関を動員して,できるだけ速やかに提供してやるように努力する。

(e)　設計者の要求する実験(例えば,特殊材料の特性値)など拙速にやってやる。その場合,準備ができていまから実験をするというときに,設計者に来てもらって実験に立ち合ってもらう。これは設計者の要求どおりの実験ができているかどうかも分かってもらえるし,設計者独特の観察眼をもってあらゆる特異な現象をも見逃さないためである。また,実験がうまくいか

ない場合に次に打つ手が速やかにかつ的確に計画される。こんな場合に多くの新しい発見がなされる。これには，外部機関にある実験施設をも動員できるようにしておく。

(f) 開発行為中，設計・試作・試験と一段落つくまでは，絶対に仕様書を変更してはならない。

(g) 試作品をいかにしたら速やかにつくってやれるかを十分考慮して試作を急ぐ。このとき，必要に応じ二種類以上の試作品を並行してつくらせることも得策である。また，同一試作品を二つ以上の作業系列にやらせて競走心をそそるのもよい。一方が失敗しても，他方が成功することがある。もし両方ともうまくつくれば，試験のときに，推計学的により多くの情報が得られて，より大量に試作品をつくるときに有利である。

　試作を速やかに行えるように日頃準備して，試作品が飛び込んできたら，すべてを投げうって試作を急いでやる体制をつくっておく。試作中にときどき設計者に来てもらって，どこがどの程度に製作困難であるかなどを体得してもらうことは重要な価値がある。設計者が試作の途中に設計変更を要求したときは，面倒で納期に遅れることがあっても，快く応じてやるべきである。そうでないと，それ以上試作を進めることが無意味になるからである。

(h) 試作品ができてそれを試験するときは，必ず設計者及びできるだけ多くの関係者に立ち合ってもらうようにする。これは協力してくれた人たちの参画意識を高めるとともに，苦労に対するお礼でもある。古参の実験助手は，試作品の試験に大変役

に立つ。
(i) 試作を速やかにできるように，あらゆる種類の特殊材料（量は少なくても），中間部品，半製品を用意しておく。この責任者は，収集癖のある人が望ましい。ゲテモノ屋，ジャンク屋など，どこで何を売っているかということも知っている人がよい。また，作業員の腕が落ちないように，いろいろな万能選手を養成しておく。年老いた職工などが役に立つ。
(j) 開発行為中は，設計者の横暴も大目に見てやって，ちょっとでも困っていることがあったら，それを取り去ることに全力を尽くしてやることが必要である。この段階で費用や労力を惜しむと，後に大きな損失を招く恐れがある。
(k) 油が乗ったときは，幾夜の徹夜も辞さないモラルをつくること。特に試験や実験のときは，このモラルが必要である。それには湯茶，夜食，仮眠設備，帰宅のための自動車などの手配をする世話方も用意しておく。

以上のような一見横暴にさえ見える権限を設計者に与え，各部門の人たちを全社的に動員して一刻も速くかつ的確に開発するのであるから，この段階に入るときには，社長自らが重要人物を召集して，ひそかに"新製品の開発を開始するから，非常体制による協力をされたい"と，これを"社是"として宣言する。そして"緊急命令伝票"という赤色伝票をつくり，それが何よりも優先するという体制を敷く。

このような方法をとると，プロジェクト・リーダーや設計者を後日敵視する者が出る恐れがあるが，これは"社運をかけている以上

止むを得ぬ"旨，社長自ら関係者の了解を求めておくことはもちろん，当人の不必要な横暴を慎しませて，また成功の暁といえども，当人だけを褒めないで，むしろ関係協力者の方を褒めることに留意しなければならない。

2.4 研究・開発の促進

これまで述べてきたように"Technology（術）"の中でも Development をやる人と Technical Service をやる人では自ら違っている。したがって，一番いけないことは会社の人事組織を画一的にやろうとしすぎることである。例えば，これら四つ〔基礎研究・応用研究・開発・試験研究〕の部類に対して同一の人事制度あるいは俸給制度を適用しようとしてもむりだと思う。また，先ほど述べた予算制度一つ考えてみてもすべて違ってくるはずである。

これらはすべて分けて考えていかなくてはならないものであり，場合によっては地域的に分けなくてはならない場合も出てくる可能性もあり得る。しかし，それでいて，これら四つの部類全部が有機的な動き方をしなくてはならない。ときには，同一人物がアカデミック（academic）なことから試験研究に至るすべての問題を経験してこなくてはいけないかも知れない。

せっかくいいアイデアを発明にもっていき開発しても，いよいよ製造しようという段階に至るまでの間にバトンタッチをどうするかということが，どこの会社でも一応問題になっている。しかも，この部類つまり段階によって非常に違ったキャラクターが必要になっ

てくるわけだから，融通のきかない人間とかつぶしのきかない人間でスタートしたとすると，その人は次の段階にもっていくことができないことになり，不成功に終わるということが非常に多いのである。したがって，やる人の性格によっては前の人はやめさせて次の人に変えるということもあるだろうし，場合によっては，部署とか地域的なところも変えてしまうということもある。

　このように，やる人によってそのやり方は異なってくるので，どれが一番良いとはいえないのであるが，オーバーラッピングするということだけは間違いないことである。つまり，ある段階で終わった人が次の段階へと移っていく必要があり，この間のことはある意味でオーバーラッピングしている。このオーバーラッピングに関しては，リーチングアウト（reaching out）という性質を持つという

ことが非常に大事である。その意味は,人の仕事におちょっかいをすることであり,これは悪い意味ではなくて,それを受け取る人の身になって,あるいは話す人の身になってやるという意味である。

オーバーラップしているときにどのようにしてスムースに移行していくかということは,途中でズバッと切って次に移すといったバトンタッチの仕方ではなく,その人が次の段階の移行過程にかかわりながらバトンタッチをするということである。したがって,その人が次の段階もやれる能力があれば,ずっとそのままやっていけばよいということになる。

このように研究・開発を四つに分けたとして,その関連を考えてみよう。そもそもこの中の"開発"というところでは,先ほどから言っているように,ある期限というものが決められている。つまり,納期厳守ということである。ということは,試作研究をやっているとき,その設計にはデータ (technical data) を必要とし,普通そのデータは既存のハンドブックの中から出てくることが多い。

したがって,開発をやる最初の段階で何がインプットとなるかと

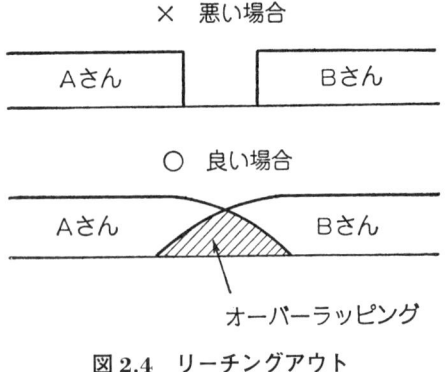

図 2.4 リーチングアウト

2.4 研究・開発の促進

いえば,それはもちろんアイデアであるが,そのあとは全部ハンドブックの世話になる。ハンドブックというものは,それ自身決して完全なものではない。となると,そのデータというものをどこから出してくるといえば,結局,試験研究（Technical Service）から出してくるのである。

したがって,この試験研究というのは非常にせっかちな開発部門の人間から要求されることになり,ここが一つの問題なのである。つまり,そのときになって"早く,これこれのデータを出してくれ！"といってくるが,すぐに出るかといえば,実際にはそうはうまくいかない。そこで,どうするかといえば,試験研究の場合には非常に波があり,忙しいときとそうでないときがある。十分な人員を有しているのであれば,忙しいときでも誰かがすぐに対応できるが,実際にはそうはいかない。

普通,忙しくないとき,つまり遊びの期間にその担当者というものは何かやりたいという欲望を持っている。そうだとすれば,日頃データの注文がこないときに一つ用意しておこうということにしておけば,即座に注文に応じることができるだろう。注文がきたときに製造するのではなくて,あらかじめ見込んでデータを用意して待っているという方法であれば,その要求に応じて必要な設備を最優先することができる。そのような体制になっていればいいが,実際はそうではなく,そこに研究所の運営の中で一番難しいところがある。

そこで,前にも述べたように,研究所で働く人は日頃から奉仕的精神を持って忠実なデータをつくること,そしてもしできることなら,そのデータがハンドブックに載せてもらえるようにつくってお

くことがよいと思う。この辺のことが研究所運営の中で非常に重要なことである。別のいい方をすれば，ここ（試験研究）に属している人を大切にしなくてはならないのである。"お前たちはデータをとるだけの職人じゃ，つまりデータをとる職場じゃ，大学なんか出ている必要なんかないんだ，高校卒でいいんだ"などというものの考え方ではいけない。もし，その人たちに創造性があるなら試験研究の"方法"を研究させればいいのであり，幅のある大きな仕事がきても小さい仕事がきてもデータを出せるように，普段から仕向けておくことが必要かと思われる。

しかし，これがちゃんとうまくいくかというとそうはいかない。用意していたデータそのものずばりを注文してくる場合には右から左へと即応できるのだが，少しでも違ったデータを要求してくれば，やはり即応できない。それでは，どのようなデータを用意しておかなければならないかといえば，できるだけ応用のきくようなデータを用意していなくてはならないということになる。

しかし，"どの注文にも応じられるデータ"というものは，言い換えれば，注文それ自体に即応できる程度に具体的になっていないということであり，やはり時間がかかることになる。こうした点が試験研究とほかの部門においてよく起こる問題である。

もう一つ大事なことは，この部門には研究の設備，例えば風洞であるとか，原子炉であるとか，水槽であるとかがあるわけだが，その担当者たちはどんな注文が来ても幅のある，つまり大きい仕事がきても小さい仕事がきてもデータが出せるようにしていることが必要である。

どこの研究所でも会社でも，いわゆる試験研究という部門を一番

2.4 研究・開発の促進

最初につくる。そして，金が多額にかかるのもこの試験研究の設備である。風洞一つとってみても非常に金がかかることはお分かりであろう。

もう一つここに"試験"（設計—試作—試験の試験を示す）というのがあるが，この試験を試験研究部門で引き受けることもある。例えば，自動車を走らせてみるコースなどは，自動車を設計して製作してそして走らせてみること（試験）に使われている場所である。

したがって，試験をしている人の精神というか気持ちというか，そういうものは，やはり試験研究の人の態度と同じものでなくてはならない。そこで，もし人の態度で分類するとするならば，当然この試験は表 2.2 の試験研究の方へ入れなくてはならない。このことは物理的に云々ということではなく，組織・運営の点からということである。したがって，人事の扱い方も予算の扱い方も，その他も，こうした考え方で然るべきである。

さて，このように考えたときに，開発という問題をもう少し詳しく述べると，基本的には前述したように設計と試作と試験であるが，"設計"ということ一つ取り上げてみてもいろいろな問題が含まれている。例えば，いまここにいくつものアイデアがあるとすれば，先にアイデアに関してパラレルにやりなさいと述べたが，そうすると試験のところは別としても場合によっては設計と試作はすべて別々に進めなくてはならないことになる。

そこに"競走原理"を働かそうということになっても，少なくとも設計と試作というものは別になってくるはずである。いずれにしても設計段階ということころでは，いくつもあるアイデアそれぞれ

についてパラレルにやらなければならない運命にあるということだけは考えておくべきであり，試作は場合によっては一つであっても構わないこともあると私自身は思っている。

もう一つ大事なことは，ある期間までにあるターゲットをもって開発しなければならないというとき，設計から試作または試験，あるいは試験から設計へ一足飛びにいこうということは不可能であるということである。つまり，設計―試作―試験という回転をたった1回だけですませることは不可能である。

いくら十分な計画を練り，いろいろな設計をし，あらゆる問題にベストを尽くしてやったからといって決して試作段階へとはならない。そんなことをしていたのではかえって遅くなってしまう。それではどうすればよいのかというと，やはり何回か繰り返して行うことである。例えば，単なる設計というのではなく，二度目は再設計という考え方でやることができれば一番よい。もし，急がなければならないというのであれば，1サイクルの回転を少しでも早くすることである。

普通，この回転の中で一番手間どるのは試作段階である。その理由は，試作というものは一番良いもの，つまり，オプティマイズ（optimize）されたものでなくてはならないからである。あとにな

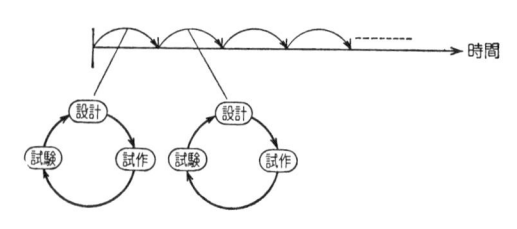

図 2.5　開発サイクルの繰り返し

って"試作がだめだったから……"などという場合は，大体において失敗している例が多い。

したがって，試作というものは，極端ないい方をすれば，いささかの手も抜けない。1サイクルの回転を早くやろうとするなら，この試作をいささかの手も省かず，しかもキチッと上手に早くやることが大事になってくる。

一方，試験というところでは，何を試験するかということは分かっているのだから，手をあけて待っていることができるところである。その意味では，試作からみれば割合に時間のかからないところである。だから，試験から設計（再設計）へは比較的早く移れる。

以上のことからも分かるが，開発という段階では"試作の力"というものを強化しておく必要がある。

私自身の経験を述べると，いま言ったような条件をいかにすればかなえられるかといえば"赤紙方式"というものを適用すれば良いと考えている。これは伝票を赤く塗っておいて，もしその伝票が回ってくれば，ほかの仕事を投げ打ってでもその赤紙の仕事を最優先してやる方式である。

この方式が役に立つのは試作に限ったことではないが，この方式でやるとあとになって恨まれることがある。例えば，私がプロジェクト・リーダーで，ある人に"これ（赤紙の仕事）をやれ！"といってやらせておいて，あとで会社から私が誉められるということで，その人から恨まれるということになる。したがって，こういう場合はその仕事を最優先してやった人自身を表彰するようなことを考えておかなくてはならない。また，そうした仕事を最優先してやってもらうためには，リーダーたる者，日頃から自分の部下をうまく手

なずけておくことが必要なのである。

3
新 製 品 開 発 の 心 が け

3.1 新製品開発の進め方

新製品といっても，世界的，驚異的な新製品から，ちょっと意匠を変えた程度のものまでいろいろあるように，新製品開発を手がける段階もまたさまざまである。

一般的にいえば，新製品開発には図 3.1 のような段階があると考えられる。つまり，発見段階から出発する開発，発明から出発する開発，開発から出発するものというふうに，現在行っていたり，あるいはこれから行おうとしている新製品開発活動というものは，必ずこのいずれかにあてはまるということである。

2 章で述べた研究・開発の区分（⇨表 2.2）との対応関係を見ると，発見段階から出発する開発というものは，基礎研究を通して何か新しい発見がなされて，それをモノに結びつけていくやり方であり，発明段階から出発する開発というものは，応用研究を通して何か新しい可能性を立証して，それをモノに結びつけていくやり方である。

こうした段階からの開発というものは，一見，非常に困難でしかも大研究所を持たなくてはできないものと考えられがちであるが，必ずしもそう難しいものではない。このことについては 4 章で詳しく述べることにする。

発見段階 → 発明段階 → 開発段階 → 試販段階 → 製造段階 → 販売段階

図 3.1　新製品開発における各段階

一方，開発段階から出発する開発というものは，いわゆる新製品・新製法を完成するというやり方である。ここから始める開発というものは，設計→試作→試験という一連のループを繰り返して，必ずや新しいモノを作り出さなくてはならないし，また，それができるはずである。ここまでくれば，あるいは，ここから始めれば，もうあとに引けないのである。

開発段階のあとには，通常，市場で実験的に試してみる，売ってみるという段階を迎えるが，これは，あとで継続的に生産に入るための予備の段階であり，これを終えたのちに，いわゆる製造段階，販売段階へと進むのである。

このように考えると，試販段階あるいは製造段階から出発する開発というものは，どこか他の会社がすでに市場に出している製品，つまり，販売している製品の真似をして自社もつくるといった場合の開発の仕方である。

いま述べたことは，新製品というものがこの世に出てくるまでにはいろいろな段階を経てきているということであり，別の言い方をすれば，それをやる側つまり企業にとって，果たしてどの段階からの開発を手がけるかという問題を含んでいるのである。これは，新製品開発を進めていく前提として極めて重要な問題であり，それぞれの段階においてそれぞれ心がける点が異なってくるのである。

3.2 新製品開発と経営活動

会社は常に社会の要求に合った製品またはサービスを提供し，その報酬として利益を得て，それによって存続する。社会の要求は

時々刻々変化し，決して止まることはない。したがって，会社は常に新たな製品またはサービスを考案し，一歩たりとも要求に遅れをとらぬようにしなければならない。すなわち，新製品開発なくして経営活動なしと考えているのである。

そのためには，会社は新製品，新サービスの開発に要する期間を考慮して，あらかじめ，社会の要求を推察して，計画的に開発を行う必要がある。場合によっては，社会に新たな要求を誘発するような積極的な新製品を計画することが要求されることもある。

他社に先んじて新製品開発をすることは，市場において大きなシェアを獲得するという非常な魅力があるが，一方，下手をすると多大の費用を使って，しかも何の利益も得られないという失敗の危険を持っている。

そのような失敗の原因は，次のようなものだといわれている。

① その製品の需要，市場の範囲，競争相手などについて，見誤りをしたこと。
② 市場で十分開発する前に市場に出してしまったり，市場で使われる実際の状態で適切に実用試験をする前に出してしまったこと。
③ 販売活動に対して計画がまずかったり，手順が適切でなかったこと。

商品にはライフサイクルというものがあって，それが発売され，世に受けると，急速に販売量は増し，生産が追いつかないほどぐんぐん成長するが，やがては競争商品が現れる。そのとき，適切な手を打たないと，次第に成長率はにぶり，ついに販売量は減少しはじめ，下降下落に至るものである。このライフサイクルには，極めて

短寿命のものから，極めて長寿命のものがある。社会の要求が持続性があって必需品的なもので，しかも実際に効果のあるものは一般に長寿命である。特に，その会社の広範囲な特許で保護されているようなものは長いライフサイクルを持っている。

しかし，いかなるライフサイクルであれ，いずれは衰微するものであるから，販売量の成長が止まって下降をはじめる前に，次の新製品を世に出し得るように準備しておくことが肝要である。特に寿命の短い種類の商品を扱う会社は，常に次から次へと新製品を追いかけねばならない運命にある。したがって，会社は新製品を常に世に送り出すためにあるとっても過言ではない。それには，着想や発明を奨励する必要がある。

要するに，会社が新製品開発の政策を誤るならば，たちまち落後するの憂き目をみるであろう。新製品開発こそ企業経営者の最大の任務であって，決して"部下まかせ"の運営は許されないものである。企業を伸ばすのも新製品なら，企業をつぶすのも新製品である。すなわち，企業即新製品である。

新製品の種が出てこないといってかこつ経営者はまず自らを反省してみなければならない。かつて自分は部下の提案を無残に退けたことはないか。もちろん，それには理由があっただろう。しかし，自分は心から新製品の種を育てようと思っていただろうか。新製品の種を播くこととそれを育てることとは全く違うことである。丹精こめて育てようとする心のない人には，よい種は与えられない。創造によってつくられるよい新製品の種をまだ播いてもみないうちに批評してしまったために，会社の中に創造性を軽んずる気風がきて，みんながマンネリズムに陥っているのではないだろうか。

3.2 新製品開発と経営活動

マンネリズムとは創造性を軽んじた結果であり，諸悪の根源は創造性の無視にある。

あなたの会社には，会社にポリシーがないといってかこつ社員はいないか。この創造性を失った社員は，ただ上役に命じられたことだけをやって日々を過ごしている。創造性のある社員なら，会社の利益になるよう，案を自分から社長に持っていくであろう。しかし，それがどんな扱いを受けたであろうか。創造性の自信を失うだけの結果になってしまったのではないか。こうして，会社の中から創造性は消されてしまっているのではなかろうか。

ある会社の社長は，次のようなポリシーを持っている。

① 独創的でなければやらない。

② 中企業であることを誇りとする。

③ 世の中に貢献する。

また，他のある社長は"一流メーカーや，他の会社のつくってい

ないものをねらう，人の持っていないものをほしがる人のように。そのためには，他のどの会社よりも強い創造性がいる"と言っているのである。

製品と商品

製品計画（Product Planning）の際の製品と商品化（Merchandising）のときに用いられる商品という言葉には，若干の相違があると受け取られるが，この両者の目ざすところは，本質的には同一であろう。

しかし，実際問題として取り扱われる場面では明らかに区別がある。この内容は，およそ次のような場合である。

(a) 製品は，モノの働きや機能に着眼して論ずるときであり，使用者やユーザーの欲求を満足させる方法や手段としてモノをとらえ，したがってその有用性を品質とか性能の面から見る実質的価値を主体に考える場合である。

　この点からすると顧客の潜在的な欲望も，技術的な改良・進歩・応用等により解決しようとする。

(b) 商品は，モノを常に消費生活に役立つようにという立場で考える点は製品と同様であるが，これに社会的な流通物として市場で広く売買される力を持たせるという視点が加えられる。製造されたモノが，メーカーとユーザーとの間を流通を通して移動することにより，経済活動が行われる。この経済行為に着眼して論ずるので，利潤収益性が問題の中心になる。

すなわち，企業がモノの生産から販売・流通・サービス・情報収集を通じて利潤を獲得して再生産する一環した流れの中でと

らえようとするモノの概念に拡張したとき，製品は商品という性格に変質する。

製品と製品計画

次に，計画という立場から製品を考えてみる。AMA（American Marketing Association）の定義によれば，製品計画はおよそ次の内容を含む。

① 新製品へのアイデアの創造及び発見
② アイデアの審査
③ 研究活動と製品の物理的開発との調整
④ 製品の包装と商標決定
⑤ 製品の市場への導入
⑥ 製品の市場開発
⑦ 製品の改良調整
⑧ 製品に対する新用途の発見
⑨ 製品の修理及びサービスの供与
⑩ 製品の廃棄

上記の中で特に中心的な部分は③で，この行為が効果的に実施されるかどうかの決め手が①，②である。その成功の鍵は，顧客と市場研究と技術・研究・開発からの情報をいかに組み合わせ，新製品開発の要素とするかがその第一であり，具体的な情報を選択設定する基準が各々の企業のポリシーであり，開発戦略に関連する重要な第二の点となるのである。

モノをつくる工場で製品を考える場合には，特に上記の研究・開発・製造の場面が強く意識される。

(a) あきない，商売をする立場を主体にモノを考えた場合には，製品より，商品という言葉がぴったりする。これは，従来卸や小売の業界で広く使われてきた言葉であるためであろう。

モノが製造の場から市場へ移行することは，それが物理的な単なる品物から社会的な条件を満たして商品と呼ぶにふさわしい段階に変化することを意味する。

商品化は，マーケティング計画の中心的なプロセスであり，この中には，次のような内容が含まれる。

① 販売組織
② 流通・保管
③ 価格・利益率
④ 商標
⑤ デザイン・包装
⑥ 販売促進
⑦ 宣伝・広告

商品としての条件を満たすためには，上記の諸項目に対するそれぞれの配慮事項がある。そして，これがメーカーから消費者にスムースに行き渡らせ，かつ経済的に成り立たねばならないから，①輸送性，②保存性，③廉価性，④利潤性，⑤公知性，⑥嗜好性，⑦無公害性等が考慮されていること，また，対象としての消費者，小売業者，卸屋等の顧客としての特質に対応することが必要である。

(b) モノをつくる場を主対象に考えた製品という言葉も，商売する場に主眼をおいた商品という言葉も，新製品開発の場合は，

前者は研究開発に，後者は市場開発に力点が置かれ，いずれも未知の分野を解明し，諸条件の中から臨機応変に最適値を見出していくという探検的精神においては類似であり，研究開発では主に物理現象に，市場開発では人間の心理現象にウエートがある。この二つの異なった情報を完全に一体化し，しかもただ単に混合するのではなく，化学反応のように二種の情報から新しい質の製品可能性を生じせしめることが，本来的な意味の開発行為であろう。

この意味では，本来同一のものであるはずの製品と商品という言葉も，長い間異なった分野で，異なった人種の活動の中で育ってきたので，あたかも異なった場で通用する概念のようにも見える。しかし，この二つの活動における情報が相互に組み合わされ，その上にのっとった新製品開発が行われなければ，本来的な創造的開発は成功し得ないという意味で，この二つの概念は，新しい行動の今日的必要性を示唆していると言える。

3.3 新製品開発とリスク

一口に新製品，新サービスというが，それにはピンからキリまでいろいろの程度がある。世界的新製品，日本的新製品から自社での新製品まで。また，まったく新規なものから，ちょっと意匠を変えたものまで。さらには，原理的に新しい発明から，新しい世の中の要求を速やかにつかんで既存の知識で組み立てたものまで。学者の発明から奥様の発明まで。その種類は千差万別である。

しかし，程度の差こそあれ，いずれも自分の会社にとっては新しいことであって，そこに共通したルールがある。これを心得ているかいないかで，社運に対して大変な差が生ずる。

　そもそも新製品を開発して，利益を上げるまでには，必ずリスクというものが存在する。それが新規であればあるほど，成功したときの利益は大きいが，リスクも大きい。いつも他者の真似をしている会社は，リスクも少ないが，競争も激しく，利益も少ない。

　たとえ，原理的には類似製品であっても，そこにどれだけ新しい工夫が付け加わっているかということで，より高い価値が生ずる。

　経営の秘訣はいかにリスクを少なくし，しかもより新規で，かつ，同じ新製品でも運営の仕方いかんによって，リスクをより少なくする術を心得ているべきである。

　それには，次のことができなければならない。

① 新製品を計画するときには，絶対に他社にもれないように厳重に秘密を守ること。

② それが発売されたとき，本当に売れるかどうかを見極めること。

③ それが量産できるだけの能力を持ち得るかどうかを見極めること。

④ 発売後，いかなる情勢の変化があっても，それに対処できるような身軽さを持っていること（例えば，他社が競争品を出すなど）。

3.4 品質の企画

　新製品開発ということは，新しい品質を持った新しい製品・商品をつくりあげること，すなわち品質を企画することである。

　新しい品質，よい品質とは商品が需要者の要求を満足させる度合によってきまるものである。したがって，まず相手がほしいと思うもの，喜ぶもの，役に立つものでなければならない。客はその商品から受けるサービス，すなわち，働きを買うのである。どの程度にサービスできるかということは，その商品の性能ということになる。その商品の性能のうち，どの点とどの点とが，その商品の生命ともいうべき性能であるかということが明らかになっていなければならない。そして，それがより満足されるものであることがよい品質の最大条件である。しかし，他のより重要でないと思われるような性能や外観などが，存外致命的なこともあるので，軽率に重要性能とは何かということをきめてしまってはならない。

　よい品質というものは，単に性能がよいというだけでは不十分である。どんなによい性能の商品であっても，価格が高くて客に購買能力がなければ，買ってもらえないのである。したがって，よい品質とは，よく売れる商品のそれでなくてはならない。したがって，買ってもらえる商品とは，より値段が安くて，よりよい性能を持つものでなければならない。

　さらに，会社は営利を目的としているのであるから，原価を割って利益なしでは商品を売ることはできない。そのためには，製造コストを下げる努力をして利幅を広げなければならない。

　会社は営利を目的としているから，客がほしがるものなら，儲か

れば何を売ってもよいというような考えでは，会社の繁栄は望めない。最後は社会の福祉に寄与するものでなければならない。

このような意味で，"よい品質とは会社を繁栄させる品質のことである"ということになる。

このように，品質とはいろいろな性質が複合した概念であって，しかも相手客の状態によっても常に変化しつつあるから，次から次へとそれにマッチした新しい品質の商品を世に送らなければならない。新製品を開発するということは，このような意味で，よりよい品質を企画することが中心とならなければならないのである。

3.5 品質の保証

検査を通ったから，もはや品質には責任がないというものではない。品質とは客の満足するサービスであるから，その品物が飽きられたり，不要になって捨てられるまでは満足なサービスを提供し続けなければならない。それができなければ，会社はやはり不評判を受けるのである。検査とはこのように十分なサービスができることを見越して，代用試験をして支払いのケジメをつけるためのものである。検査は単に商取引の手続きにすぎない。道義上の品質責任は，捨てられるまでの全寿命中会社が持たなければならない。場合によっては，下取り価格にまでその会社の品質という言葉はつきまとうのである。

このように，社外に対する品質責任は長く会社が負わなければならないものであるから，社長をはじめ全従業員に責任がある。しかし，社内では各々その立場で"品質の何々"に対する責任を分担し

ているはずである。

　社内で品質の責任を分担するという点で品質を大別すると，設計の品質と製造の品質とに分かれる。

　設計の品質とは，"かくかくの品質"のものをつくろうという新製品開発のねらいとする品質であって，"ねらいの品質"ともいうことができる。これが新製品の生命である。

　一方，製造部門では，その"ねらいの品質"を目標として，作業員は努力をするのだが，必ずしもドンピシャリとそのとおりのものができるのではなく，多少はマトを外れるため，当たり外れが出て品質がばらつく。この"当たり外れの品質"を製造の品質というのである。狭義の品質管理とは，この製造の品質を管理することである。

　この両方の品質の責任は全く違う立場であるので，決して混同してはならない。一口に言えば，"設計の品質の責任は会社の最高幹部にあり"，"製造の品質の責任は最先端の作業員にある"ということになる。それは目的を指示するのは常に会社幹部であり，品質をつくり込むのは作業員であるからである。

　この二つの品質責任は全く異なるものであるが，しかし，互いに深い関係にあるものであって，これが極めて密度に運営されなければよい品質は生まれない。すなわち，設計の品質が仕様書や図面，社内規格などによって，正しく作業員に伝達されていなければならないし，また，逆に製造の品質の情報が工程能力という形で，設計の品質に反映していなければならない。このような品質の伝達の責任は，中間の管理職が負わなければならない。

　特に，工程能力を設計の品質に反映させることは，新製品開発に

おいて最も大切なことである。それを製造したときの機械の精度や工程の弱点，作業員の能力，原料の不整などのような実際にやった場合の工程能力を反映させるべきである。しかし，全く新しい製品の品質を設計するときには，それを予知することはできない。だからといって，これを理論的に求めて設計に織り込むと，いよいよ大量生産をしたときの致命的なトラブルのもとをなすものであるから必ず現実の工程能力を織り込むべきである。

　すなわち，初めてつくる製品には，将来つくったときの工程能力など分からないが，それでも可能な限り現実の情報を入れなければならない。それには，日頃，類似の製品の工程能力についての情報を細かに収集しておいて，新しい品質設計に反映させるよう努力する。もし止むなく理論的なものを使わなければならないときは，できる限り早く実際の情報を求めて，それで修正をして，より適切な品質の設計をするようにしなければならない。このように，将来の製造の品質を十分考えに入れて新製品の品質を設計しなければならない。

　そういう意味で，広義の品質管理には設計の品質も入り，新製品開発は全社的な活動となるのである。

3.6　品 質 の 評 価

　新製品を計画したときには，少なくとも次のような点を具備しているかどうかを考えて評価すべきである。これは順序不同であるが，適時適当に軽重をつける必要がある。

　①　その品物を要求する人はどんな種類の人か。

3.6　品質の評価

② その人は購買能力があるか。
③ 値段は適正になし得るか。
④ 自社にそれに適した販売ルートがあるか。
⑤ 季節的販売変動がある場合，それに対処できるか。
⑥ 類似競争製品はあるか。それは何か。それが販売に影響するか。現在，未来を通じてそれに勝てるか。
⑦ 抱き合わせ商品は何か。販売ルートを共用できるか。
⑧ 意匠は商品にマッチしているか。"客種"にアピールするか。
⑨ よりよくする点，類似品を今の間に自社で十分考えて設計，登録をしておいて，他社の追従を引き離す策がしてあるか。
⑩ 商品の名称は適切か。類似の名称は全部自社が登録済みであるか。
⑪ 製造技術に問題はないか。類似の製品をつくった経験はあるか。そのときはどんな失敗をしたか。
⑫ 量産できる設備能力はあるか。その能力を増すのに新たな設備をしなくてもできる方法はないか。
⑬ 類似商品をつくれる他の会社はどこか。能力の程度はどのくらいか。製造・技術・設備・材料・販売等で自社より優位にあるためにコストで競争に負けはしないか。
⑭ 製造中に不良品ができにくいように設計されているか。
⑮ 使用者の下手な取り扱いでも壊れないようになっているか。
⑯ よりコストを下げるような工作法や製品設計はないか。あれば必ず登録しておく。特許にすると秘密がもれる心配があるなら，社内の限定版でもよい。
⑰ 原料・材料・部品等の供給は十分できるか。社会の変動で供

給が困難なときに代用品が考えられているか。自社内で競合する製品はないか。

⑱　各部分に同程度の適切な強度と寿命が配分されているか。悪条件の使用者の安全は十分考えられているか。どんな条件で使われるか分かっているか。特に変わった使用法はないか。やるべきことを忘れたり，やらなかったときでも安全なようになっているか。

⑲　もっと悪い，あるいは安い原料・材料・部品は使えないものか。安全をみすぎて，よりよい材料，より多くの原料，より厚く，より重く，より丈夫にしすぎてはいないか。原料と労働のムダはないか。

⑳　商品のばらつきはどの程度あるか。それで差し支えないか。
㉑　説明書は親切丁寧につくる自信があるか。
㉒　十分寿命試験をしてあるか。
㉓　客が満足できるか。機能は十分か。
㉔　修理は容易か。維持費は安いか。
㉕　法規にかなっているか。
㉖　税金は調べてあるか。
㉗　パッケージはふさわしいか。
㉘　地域の差を考慮してあるか。
㉙　販売数と利益の関係を把握しているか。
㉚　企業イメージと商品イメージが合っているか。
㉛　使用環境に合っているか。
㉜　生産期間はどれくらいか。
㉝　流行に合うか。流行をつくり出せるか。

㉞　発売のタイミングは合っているか。
㉟　客にとって簡便か。
㊱　その他

3.7　リーダーとメンバー

　先に述べたように新製品開発ということは最高経営者の責任であり，かつ，いろいろな分野にまたがっているために，特に新製品の開発だけをやる部門というのを常設的につくるのはよくない。むしろ，新製品開発の最終責任者は社長自らであるから，社長自らが長となって，実行責任者としてプロジェクト・リーダーを任命し，臨時的な運営をする方がよい。

　新製品開発の実行は，品質の設計の中心である技術部門と市場の情況をよく知っている販売部門との協力であるから，実施の中心は研究開発担当重役と販売促進担当重役であるが，組織としては，経営の最高幹部でもって組織された委員会をつくって運営している会社が多い。この委員会の役割も会社によっていろいろある。例えば，次のようなものである。

①　最終責任を持つもの，少なくとも高度の責任を持つもの。
②　最終の点検と同時に全般的な計画，新製品候補のふるい分けを行うもの。
③　単に諮問，相談機関として働くもの。
④　各部門間の調整や緩衝役となって担当役員を手助けするもの。
⑤　仕様書または基礎設計を決定するもの。

　いずれにしても，この委員会の委員長は会社の社長あるいは副社

長である。販売促進担当重役が座長になることはむしろ例外である。

　ここにいう委員会は，英語でいうコミッティ（committee）というより，むしろチーム（team）といった方がよいくらいに密度で活動的でなければならない。そして，それは各部門間の連絡をよくすることや，開発する製品の優先順位をきめる最終権威を持つことや，意見の衝突を仲裁したりすることなどがしやすいように運営されることが大切である。そして，ほとんどすべての重要人物をかかわり合わせて，これに興味を持たせておくことは，新製品開発の失敗を極度に減らす唯一の方策である。特に，中堅幹部について効果的である。

　組織をうまく運営するのは，やはり人である。特にチームを指導するには"開発の鬼"といわれるような人が必要である。相手の悩みを解決してやり，人の能力を養い，その人に自信をつけてやれるような人がほしい。常に楽天的で，絶対に取り越し苦労などしない人，そして進んで困難に立ち向かう勇気を持っている人，それがプロジェクト・リーダーである。

　そんな人のもとに次のような性質を持ったチーム・メンバーがほしい。

① 建設的不満を持っていること。
② 専門的技術，知識があること。
③ 統計的センスを持っていること。
④ 人のいうことを理解できること。
⑤ 関連部門への説得力，協調性のあること。
⑥ 仕事への情熱のあること。
⑦ その他。

設計段階の心がけ

(1) 設 計 と は

設計という言葉も広い意味に使用されているが,ここでは実現の可能性が立証されて,あらゆる必要な技術的資料が存在することが明らかになった段階以後の行為というように狭義に解釈することにしておこう。この段階から狭義の開発または実際化または実用化ということになる。

発明が成立した直後はまだポンチ絵の段階であり,実現可能性を試験した結果は,単にその要点あるいは問題点だけであって,まだ他の既存の技術で分かっている部分とを組み合わせた全体の実物試作はできていない。もっとも,全体の構想だけはポンチ絵的に,あるいはバラック・セット程度にはなされていなければ問題点も摘出できないわけであるから,すでに実現可能性試験の段階でなされているはずである。また,主な問題点はすでに技術的に解決されているはずである。

設計という行為は,

① 基礎設計
② 詳細設計
③ 製造設計

などの段階を経るのが普通である。

(2) 基 礎 設 計

基礎設計は,目的や構想を忠実に具体化することを主眼として,重要な点については詳細な計算を行い,方針の確立に資する最も重要な段階である。

そのとき考慮すべき点は，次のようなものである。
① 主要材料の指定
② 部品の配置及び全体の系統
③ 機能部品の性能
④ 試験・検査法の指定
⑤ 特徴となる点の説明

すなわち，図面のほかに以上のようなものを含ませるのが普通である。特に全体としての性能に重点をおく。

重要な数値や項目が基本設計でもれていたために，後日問題を起こすことがしばしばあるので，基礎設計の段階でのいろいろな決定は会社の最高幹部が自ら中心となって，組織的・集中的に行う。

(3) 詳細設計

詳細設計の段階では，基礎設計を詳細に仕上げることを目的としているので，既存技術で要領の分かっている部分といえども，必要に応じて計算しなおし，強度・寿命などの性能も推定し，製造原価の推定に資する。必要があるならば基礎設計に修正を加えることもないではない。

この段階は最も技術的活動が中心であるので，設計部門の長が中心となって最高幹部へは単に経過と異常の報告をする。

この段階では，各種のハンドブックが最も活用されるのであって，製造原価をいかに下げるか，客の嗜好に合った意匠はどんなのがよいかなど，前述した新製品の具備すべき点を全部丹念に織り込むべき時期である。

この段階は製品の種類によっては最も長期間かかることがあるの

で，一人のプロジェクト・リーダーのもとに多数の技術者がオーケストラの楽手のようにそれぞれの分野を受け持って完成を急ぐのである。

　詳細設計技術というものは基本設計で決定された方針に基づいて，本当にモノをつくり上げる作業であるが，これにはまだ広範囲な自由度が残されている。そして，その自由度の範囲でプロジェクト・リーダーは自由に個性を発揮すべきである。その点はあたかも一つの芸術的作品に例えることができる。よいプロジェクト・リーダーを選ぶことは会社幹部の責任であるが，一度プロジェクト・リーダーを任命した以上は，基本設計に矛盾しない限り，その人の流儀に任せなければならない。

　プロジェクト・リーダーは，いろいろな他の部門の人々の意見を聞くのはよいが，その採否の決定はあくまで自らの責任で行わねばならない。もし，途中で他の幹部が文句を言いたくなっても，絶対に直接言ってはならない。文句があるなら基本設計の段階で限界条件の中に織り込んでおくべきであったのに，それをしなかったのが悪いのである。次に機会が必ずあるから，そのときまで待ち，それまでによく考えておくべきである。

　設計というものは，どんな名人が，どんなに多数，どんなに注意してやったとしても，決してはじめから完全なものができるはずがない。したがって，はじめから欠点のないようにと，多数の人が途中でおせっかいをやいてとやかくいうことは，絶対に避けなければならない。

　とやかくいえるチャンスは，第一次試作品を試験した後とか，試

販をした後とかである。そのとき，基本設計を決定した会議とか，責任者とかが，皆の意見を十分聞いて速やかに適切に基本設計の修正をして，臨機応変の処置をとることが大切である。

　GE社のマーチン氏は，失敗をしないように努力するよりも，失敗したときにいかに速やかに次の手を打つかが大切であるといっている。失敗の回数を減らすことも大切だが，それよりも，失敗の経験や教訓を活用することの方がより大切である。失敗がなければ進歩はない。その気構えがなければ，安全率の過大設定などの不経済なゼイ肉をとり去り，軽量・低コストは期待できないのである。

　設計とは，安全・性能と経済との妥協である。科学者には妥協は許されないが，よき設計者は公平な妥協能力を持っていなければならない。

　多くの人が手分けをしてチームワークを保たねばならないし，場合によっては，部分品の試作・試験をも織り込まねばならない。しかも，一つの手落ちや遅れが全体の設計・試作・試験の完了に大きく影響するので，よほど計画を綿密に行う必要がる。これにはPERT法の活用が非常に役立ち，納期を数分の一にすることもあまり珍しくはない。この方法は特に進行中にしばしば計画変更，予定の狂い，情況の変化などがある場合には，臨機応変に適切な処置をとる上で効果がある。

　会社経営者への報告もこのPERT法によることが望ましい。ここで会社経営者のアプルーブとは，重大欠点を発見できなかったという責任を負ってもらうためのものである。

　この場合も，基本設計者や社長といえども重大欠点が発見されな

い限り原案を批判してはならない。"細工は流々，仕上をご覧じろ"というように，プロジェクト・リーダーを信頼して任せておかなければならない。しかし相談を求めてきたら，速やかに適切に答えてやることが大切である。

(4) 製 造 設 計

この段階は，詳細設計で決定した設計の各部品を細部に分解してその制作図面をつくることである。製造の難易は一応考慮されているはずであるが，やはり製造機械の精度や，段取り，手順からくる細部修正が必要である。

普通は第一次試作が終わってから，公差や規格の範囲を生きている実績からきめるのである。理論や死んだ実績で公差をきめることは不良率を高め，コスト高にする原因になる。

また，この段階は品質管理と設計技術とのよき協力が実を結ぶ点である。特に検査項目の設定を誤ると後に大変なトラブルの原因をなすので注意を要する。製造設計は製造担当部門に直結した部署でやることが望ましい。もちろん，関係部門の協力とアプルーブは必要である。

この段階では原理・原則にとらわれることなく，ひたすら低コストの工作法に頭を向けて，忠実に詳細設計を具体化することもある。製品の設計はもちろんだが，治具・工具・型などの設計も合わせて行う必要がある。製品と工具とは同じ人が設計すれば理想的である。それほどこの両者は密接に考えるべきである。真の品質管理を知らないものは，正しい製造設計などできない。

(5) 設計品質の評価

新製品がどの程度によい品質であるかということは、実際に売れ行きを見てみるまでは分からないものであるが、たとえ精度は落ちても一応は設計の品質を評価してみるべきである。

どんな新製品といえども、大なり小なり、それと類似品・競争商品あるいは改良以前の商品があるに違いない。品質の良否は、むしろこれらの商品との優劣を比較することできめる方が適切である。

それには、まず、表 3.1 のように、競争商品または旧製品の名前を横欄にとり、縦欄にカタログとか宣伝文に書きたくなるような設計の品質の項目を軽重とり混ぜ、できるだけもれなく詳細に記入する。この項目はできるだけ細分割した方がよい。項目を拾い出すためには、ブレーン・ストーミングの方法によるのが得策である。この表を用いて各項目ごとに競争商品と比較して、優劣の採点をしていくのである。採点には、例えば、

表 3.1 新製品優劣比較表

番号	設計品質 項目	重要度	重みw	競争商品甲 採点	競争商品甲 評価	競合商品乙 採点	競合商品乙 評価	類似商品丙 採点	類似商品丙 評価	w^2
1	色 好 み	C	3	0	0	-2	-6	0	0	9
2	耐 水 性	B	4	-1	-4	0	0	-3	-12	16
3	落下強度	A	5	-2	-10	$+1$	$+5$	-1	-5	25
4	貯 蔵 性	D	2	$+2$	$+4$	0	0	0	0	4
5	雑 音	E	1	0	0	0	0	-1	-1	1
6	耐停電性	A	5	-1	-5	-1	-5	-1	-5	25
83	劣 化	C	3	0	0	$+1$	$+3$	-1	-3	9
n	……	…	…	…	…	…	…	…	…	…
計					-56		$+10$		-85	1600

① 新製品の品質に比べて, 相手商品は全然区別のつかない場合
…… 0
② 専門家なら相手商品の方が良いということが分かる場合
…… +1
③ 専門家なら相手商品の方が悪いということが分かる場合
…… −1
④ 素人にでも相手商品の方が良いと分かる場合 …………… +2
⑤ 素人にでも相手商品の方が悪いと分かる場合 …………… −2
⑥ 問題にならないほど相手商品が良い場合 ………………… +3
⑦ 問題にならないほど相手商品が悪い場合 ………………… −3

とつける。

もちろん, まだ構想だけの場合は, でき上がったときのことを想像して優劣をきめるほかないから, 採点もやはり予想でしかあり得ない。それでもこの評価をしてみることは, 大変役に立つものであり, さらに開発が進んで第一次試作品ができたときに, 相手商品と見比べて同じ方法で評価するようになれば, 予想と比較できてより確かなものとなる。

このように項目ごとに採点していくと, その過程においていろいろなことが反省され, 気がつかなかった美点や欠点がよく分かり, 多くの新事実を発見することになる。

次の手順は, これら品質項目に客側から見た重要度のランクを記入する。例えば, 最も重要なものにA, 次にB, C, DとしEを最も重要でないものにするというように5段階程度に分類し, それぞれに5, 4, 3, 2, 1と重みをつける。

そして，最初につけた採点にこの重みを一つ一つ掛け，その積を縦に加え，この和をもってその商品の優劣点数とする。この点数がどの新製品を優先的に開発するかということをきめたり，販売価格をきめるための判断資料の一つとなるのである。

このように評価しておくことは，やがて，カタログをつくったり，宣伝文句をつくったりするときに大変役に立つ。これらの項目の重要度をきめるのは，販売部門が主体となることが多い。

品質というものは，その製造原価・コストなどと一緒に考えなければ，ただ品質の評価だけをしても何の役にも立たない。そのためには，3.6節"品質の評価"（⇨ 74 ページ）で述べたように，新製品の具備すべき点をも合わせ考えて総合的な評価をする。

また，同様の方法で，製造技術的な面やその他のいろいろな事項を比較評価することに役立つ。例えば，製造各工程の難易，材料の入手の難易，販売の難易等々をも合わせ考えて価格決定の資料をつくることもできる。

いずれにしても，これら採点には当然何がしかの誤差変動があるので，その取り扱いには統計的な処理を必要とする。

表 3.1 の新製品は，番号 2 の耐水性は乙とは差がないが，甲，丙よりも優れているし，特に 6 番の耐停電性はいずれの競争品よりも優れているので，耐水性，耐停電性は，広告の際のキャッチフレーズに使える。しかし，落下強度は甲，丙よりもよいが，乙商品には負けるのでこれをキャッチフレーズにすれば，乙商品の宣伝をしてやっていることになるのでおもしろくない。

このように各項目について判断するほかに，この評価点数を合計

し，これを重みの平方和の平方根で割り，加重平均値を出して，評価の資料にすることも大切である。すなわち，個々の評価点数を y とし，重みを w とし，次の式で計算した加重平均値 $\bar{y}$ を出す。

$$\bar{y} = \frac{\sum_{i}^{n} w_i y_i}{\sqrt{\sum_{i}^{n} w_i^2}}$$

例題の $\bar{y}$ ：甲　-1.4
　　　　　：乙　$+0.25$
　　　　　：丙　-2.1

この平均値の負の値が大きいほど新製品はより優秀であるということになる。甲や丙より明らかに優秀であるが，乙とはほとんど差がない。しかし，競争商品より優秀であって，その平均値の差が非常に大きいということは，新製品を市場に出すには必ずしも必要なことではない。それより，むしろ品質を下げて価格が安くなるなら下げた方がよいという場合が多い。その判断の資料にもなる。

試験段階の心がけ

(1) 試作のあとの試験

初めてのモノをつくるということは，でき上がるということよりも，できつつあるときの方が大切である。それは，それをつくっているときの経験が尊いからである。見知らぬ森の中をあっちにつかえ，こっちに行き当たりしてさまよいながら，森を抜け出して広々とした野原に出たようなものである。

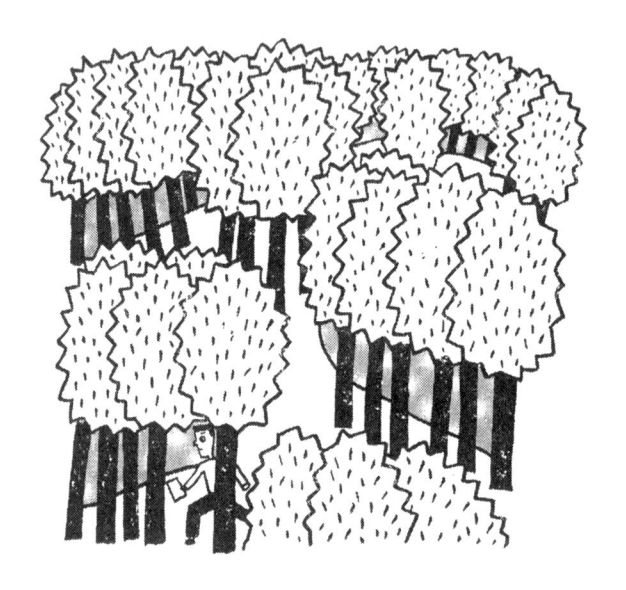

特に，不完全な設計図を頼りに試みながらつくっていくことは，途中でいろいろなことを学ぶ。その経験を生かして，よりよい設計へ，そしてより高い人格へ，そしてその人格が設計へと反映していく。

　第一次試作品ができ上がったときは，最も楽しいときである。そして，それを試験するときは胸のわくわくする緊張感がある。しかも，それが今までに類例が少なければ少ないほどはなはだしい。プロジェクト・リーダーとして自分でそれをめでているときは天国である。

　しかし，試作品は自分ひとりのものではない。ひとたび，いろいろな人たちに批判されるとたちまち地獄に落ちる。批判され，欠点

を指摘されると，必ず弁解がましいことをいう。批判は素直に聞けばよい。一言も弁解などいう必要はない。欠点をみつけてもらうために試作したのではないか。もちろん，自分ですでに知っている欠点もあろう。しかし，買う人は欠点を指摘する代わりに，買わないで行ってしまう。それだけでなく，買うかも知れない友人に欠点を教えて買わないようにするかも知れない。恐ろしいことである。素直に批判してもらってこそ，次によい設計ができるのである。

(2) 試　　用

第一次試作品ができたとき，この欠点をなるべく多くの人に指摘してもらって再設計し，第二次試作品をつくる。このときは，第一次のときよりも多くの試作品をつくるのが普通である。第一次試作品のときのように，主として委員会などで，机上での批判を主体とするのではなく，試用を主体とすべきである。

試用とは試験ではない。検査というものは一般に製品の性能や特性を数値に表して，それの規格をつくって良否を判定しようとする。そしてこれを科学的といって尊重する。厳格な検査というのは，そういう数値的な比較の下にのみ成り立つと考える。また，検査とは，肉眼でシラミ潰しに欠点を探すことだと思っている人が多い。特に官僚的な人にはそのような癖がある。官庁に物品を納めている会社の技術者は，得てして検査で良否が決定されると思っている。

しかし，本当はその品を使ってみて問題がなく，客が満足すればよいのであって，客にとっては数値などはどうでもよいのである。特に品物がすぐにだめにならないこと，長時間の使用に耐えることを望むのである。また，モノによっては使用中の経費が高くないこ

とを望むのである。これらのことを，出荷時にある特性値を測定して，その数値によって予言できれば理想的であるが，そんなことができるのは極めてまれなことで，大部分の性能はそんなことで分かるものではない。分かるような気がして，むやみと厳格な検査をし，製造コストを高くつけて，しかも，市場からの苦情は絶えないというのがよくある例である。

　このことは，官庁へ物品を納める場合のように，ともかく規格に合わせて検査を通ればそれで"我事成れり"と思っている会社の性格と，本当にお客のことを考えて客の満足する品をつくろうとする会社とは，根本的に異なるところである。本当は官庁も客であって使う人，用いる人の身になってモノをつくることに徹しなければならないのである。

　ここにわざわざ試用という項を設けたのはそのためである。試作品をあらゆる測定にかけて試験することも大切であるが，それよりももっと大切なことは，その品物を実際に使ってみることである。これにはいろいろの方法があるが，最もよいやり方は，社員に無償で試用させて実験させ，そのデータを忠実にとらせ，適切にそれを解析することである。これは，発売前の秘密を守るのに便利であり，どのようにも詳しく試用データをとることができるし，いつでも引きあげて，分解し試験できるからである。また，特に乱暴に取り扱わせることも指示できる。

　どんなに机上で理屈を考えても，実際の試用ではじめて現れる欠点は分かるものではない。実際には思いもよらない使い方があるものである。そして，机上や実験室，試験室あるいは検査で調べただ

けで売り出すと，必ず苦情が出，さらには悪い評判が立ち客が買わなくなり，会社の信用は地に落ちる。新製品の発売で失敗した会社の多くは，この試用にかかる費用と時間を節約したためである。

なるほど，社員に高価な試作品を試用させるのは，いかにも費用のむだのように見えるし，事実，多大な経費のかかることでもある。しかし，後で述べる市販と同様，誰かが面倒をみて巧妙な実験計画法を活用すれば，より少ない経費でより多くのより的確な情報が得られる。

製品の種類によっては，社員に秘密裡に試用させることのできないものもあるが，それでも何とか同じ主旨の下に，必ず試用という段階に力を注がなければならない。どんな製品でもいずれは誰かに使われるものであるから，その気になって工夫すれば，必ず的確な方法を考えつくに違いない。そして，能力ある技術者が実験を計画して試用させるならば，経費も少なく期間も短く，効果を上げることができる。

(3) 市 場 実 験

実験室や研究所で試作品の試験をすることも大切であるが，それよりも実際に試用してみることの方がはるかに大切であるということは前に述べた。

一般に，新製品といえども従来類似品の変形や改良である場合が多い。例えば，特殊な構造のタイヤを新製品としたいと考えたとき，このタイヤは従来と同様の目的に使うのであろうから，従来の自動車にそのままはまる。ただ，従来のタイヤより長寿命で，より悪路に耐えることを期待しているものとする。こんなときに，ある特定

の需要者に了解を得て，従来のタイヤと混ぜて試用してもらうのである。そして，その成績を測りに行く。

この場合，従来のものと試作品とを推計学的な実験わりつけ法によってうまく組み合わせて実験すれば，使用条件の違いもいろいろな誤差も巧みに分離することができて，しかも実験室などで得られない多くの状態で，多くの情報を得ることができる。

このような考え方は，市場をあたかも実験室になぞらえることであって，何でも市場で試してみることができる。しかし，市場ではいろいろな誤差や変動の原因が入り混じっているので，うかつに何かを試してみようと思っても，結果がまちまちに出て，何が何だか一向に分からないというような結果しか得られないと思い込んでいる人が多い。確かに市場という複雑なところと，何でも条件を整えられる実験室とでは全く違うので，実験する手順も態度も考え方もすっかり違うもので臨まなければならない。それが推計学的実験計画法の教えるところである。これを適用すれば，どんな複雑な環境であっても，それはそれなりに目的を果たすことができるのである。

これを巧みに利用することによって，市場試用・店頭試験・広告効果・客の嗜好試験・価格実験など，新製品開発になくてはならない情報を誤りなく得られるのである。

試販段階の心がけ
(1) 試　　販
新製品の一部生産ができ，いよいよ発売をする段階になったとき

は，まだ生産数も十分でないし，広告などもどうやってよいか分からない。この段階で，販売方法や広告方法などについて将来必要な情報を誤りなく的確に集めておくことが，この製品の将来のために非常に大切なことである。

　もし，この段階で無計画に少ない商品をばらまいて，しかも的確な情報をつかまなかったら，せっかくの新製品開発の努力がかえって会社の運命を危くする。したがって，十分に注意して，推計学的な実験計画法に従って，巧みに的確な試販による情報集めをすべきである。

　さらに重要なことは，この情報のいかんによって，また市場の反響によって，販売方法に，広告方法に，そして設計の品質に，最も適切な臨機応変の処置をとるようにすることである。

　"世の中に，初めから不変で適切なものや方法など，あるものではない。その場その場で正しい情報による的確な判断によって，適切な手を打っていくしかない"と考えて，最も機敏に行動することが大切である。

　さて，この試販をする段階で，3章の"新製品の具備すべき点"の項目をチェックリストとして，一つ一つ検討してみる。この項目は，新製品開発のどの段階でもしばしば利用され，チェックに用いられる。しかし，試販の段階が最後のチャンスであるので，特にていねいにチェックし，一つでも心配なものがあったら，徹底的に解決してからでないと試販に出してはならない。

(2) 販売価格決定

　新製品を市場に出すとき，その販売価格をどうして決定するかと

いうことは，新製品開発の上で最も重要な問題である。一体，いくらがよいのか，それをどうしてきめるのか。利益が上がらなかったり，損をしたりするのも困るし，高くて売れないのも困る。

一つの方法は，製品コストに公正な利益を加えた金額にするという方法である。しかし，これではお客の意向を全く無視したことになり，どれだけ売るかということも考えていない。

また，製造コストというものは決して不変なものではなく，努力によっても下がり，売上高が増せば安くなる。発売当初に正確に計算することは困難で，高く見積られがちであり，販売部門と製造部門との意見の相違はこの点にある。

もう一つの方法は，すでに市場に出ている類似品や競争品などの価格に品質の優劣を考慮して，適当な増減の修正を加えてきめる方法である。これは製造コストや利益を無視したように見えるが，価格と利益とに見合うようにコストを下げることができるはずだという前提に立っている。

一般にはこの二つの方法を組み合わせ，さらに"高価なものはよい品質だ"と錯覚する購買心理なども考慮して，委員会で投票決定するというのもあれば，社長の責任できめるところもあって，この種の価格決定は多くは非科学的である。

これをより科学的にきめる方法は，潜在需要という概念を持ってくることである。潜在需要ということは，この新製品が販売の成熟期に達したときに売れるであろう需要量である。これはもちろん，価格の関数であって，高ければこの需要は少ない。この潜在需要と価格との関係は市場での実験できめられる。

まず，今問題にしている製品と同種類の商品について従来の実績から，潜在需要というものと価格との関係が分かっていると仮定し，原価の変動分〔（原材料費/原単位）など〕とから，全ライフサイクル中の利益最大になる価格を算定する．これは一種の OR の応用であるが，まだまだ多くの不確かな仮定の下に立てられた方程式であるので，これに全信頼を置くことはできない．したがって，これは単なる参考にしかならない．

　しかし，一般に販売する前に考えられていた価格よりも安くしておくという価格政策の方がはるかによい．それは問屋や小売店をはじめ，社内の販売促進員に対して大変よい刺激になり，それから受ける利益は予想外に大きいものである．特にその人たちがその商品の応用を真剣に考えて，思わぬ方面に新用途を開いてくれる．また，もし価格を安くしているのに売れなかったとしたら，この商品は将来性がないということが早く分かることになって，大きな損をしないうちに製造を中止することができる．特に大切なことは，はじめから価格を安くしておくと競争商品の進出をおさえることができることである．

　したがって，目先の利益にこだわることなく，長期の大きな利益のために，最初から価格を下げておく方が得策である．製造現場でもこの方がより真剣にコスト切り下げに努力するであろう．

(3) 苦　　情

　どんなに慎重に試験に試験を重ねて改良し，万事手落ちのないようにして発売しても，新製品が相当数市場に出回ったころに，突然市場から苦情が出てくるものである．このとき，"誰の責任だ"な

どといくら詮索しても始まらない。また、いくら言い訳しても何にもならない。その原因を根本的に徹底的に突きとめて、再びそんなことを起こさないようにすることが大切である。失敗の経験を活用することに全力を注ぐことである。

そしてこの種の苦情が出るのは、一見、突発的に出たように見えるが、実は以前からちらほら出ていて、だんだん目立ってきて急に増したということが多い。したがって、何か苦情が出るかも知れぬと思ってよくよく注意していると、苦情が出だした極めて初期にそれが見つかるものである。そのとき機敏に適切な処置をとると、大事に至らず評判を落とすようなことはない。

また、そんな心配のあるときは、全国一斉に手を広げないで、一地方から順次、販売を広げていく方法もある。この種の苦情の多くは思いもよらぬ使用条件が現れたときであって、季節的な条件変化や、地域的な特性によることがある。

苦情にもいろいろの種類がある。中には、単に因縁をつけて返品してきたり、値引を要求してきたりするのもある。これらの苦情を何の偏見もなく、素直にその軽重の点を見誤ることなく、調査することは重要なことである。それには、客観的なデータの裏付けを要求し、そして推計学的根拠で判断するということをすすめる。

一方、製品によっては、常にわずかずつの苦情が絶えず慢性的に出てくることがある。これを根本的に解決する必要があるかどうかは、その経済的損失と改善の費用とのかねあいであるから、極めて少ない場合は承知の上で販売を続けることもある。しかし、こんなときは必ず苦情統計を忠実に集計して、これを品質管理図に記入し

て，突然増えたりしないかを常に監視しているべきである。そしてそれをときどき解析することは，的確に改善の手がかりをつかむのに役立つ。

このように，苦情の情報というものは，非常に貴重なものであるから，それが速やかに正確に入手できる経路を確立しておかなければならない。

特に，サービス・ステーションや修理工場，小売店からの情報は，実験室などで得られない寿命試験や品質の良否の情報となるから，これを集計する費用を惜しんではならない。しかし，統計的情報はただ集計するだけでは何の役にも立たない。必ずその結果を解析して，設計に反映させるのでなければならない。こうしてこそ，他社の追随を許さぬ品質を設計することができるのである。そして，やがては次の新製品の開発を促進することになる。

4
新製品開発のやり方

4.1 新製品開発の常道

まねでもよい

明治以降，日本の企業は外国企業のまねをしてきた。終戦後は，製造段階において品質管理（QC）等が加わることによって，よい製品をつくるようになったが，これはあくまでも外国で発明，発見されたものをわずかに修正（modificate）したものである。私自身は，こうした姿を悪いこと，いけないこととは思っていない。

私は，以前東芝にいたが，松下幸之助氏は東芝のつくったものを即座にまねをしていたので，われわれは彼のことをしばしば"真似下幸之助"と呼んだものである。しかし，世界の松下に成長した現在の姿を鑑みるに，まねをすることは一向に構わないと思う。読者の会社でも彼と同じように真似下的なことを経験したり，現在も行っていることと思う。こうしたことを考えると，日本の大半の企業は"発見"，"発明"，"開発"の各段階における新製品開発を行っていないのではないかといえる。

さて，私はここで次のようなことを言いたい。つまり，まねをする能力を持っているのであれば，一歩前進して，私のいうところのもう一段階もとにもどって考えるべきである。実行は多少遅れていてもよいから，少なくとも一段階前から進む気持を十分持っていて，結果的には現在の段階しか行っていないというのであれば，それでよいと考える。言い換えれば，現在の会社の能力や環境との関連において，現行の新製品開発しか行えないというのであれば，それで

広い権限を持つ

　新製品開発は，会社の重要な問題である。つまり，会社の浮沈にすら影響を及ぼすものである。新製品開発は，言うなれば新規に会社を設立することと同等の意味を持つものである。新製品を企画するとなれば，最高責任者，つまりその会社の社長自身がその仕事に携わらなくてはならないはずであり，このことは事務系出身者または技術系出身者を問わずいえることである。社員の大切な仕事は，そうした社長の仕事に対して援助したり貢献することである。

　新製品開発を行って成功した例としてトリニトロンの話がある。トリニトロン方式のブラウン管は，すでに外国において発見，発明されており，その後，日本においては神戸工業とソニーとがその開発（商品化）に取り組んでいた。その結果は，ソニーの勝利であったことは言うまでもない。それは，両社長の新製品開発に対する基本的な考え方の相違に基づくものである。

　つまり，前者は一人の担当者に一任するというやり方であり，後

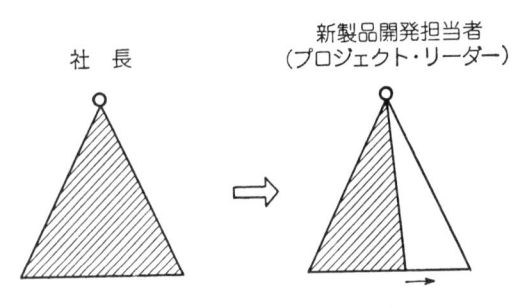

図 4.1　社長と同等の権限を

者は社長自らの責任において実行するというやり方であった。この両氏のやり方の大きな違いは，前者の場合，その担当者（係長，課長）の権限の範囲でしか仕事ができず，言い換えれば，自らの範囲でしか伸びることができないのに対して，後者の場合，社長としての権限をフルに活用して会社のあらゆる人間を動員できることにあったのである。

　新製品開発に成功した企業の多くは，相当広い範囲に権限を駆使できる人間がそれを行ったか，あるいはその新製品開発担当者に社長と同等の権限を与えている。私は新製品の発明は，大会社では望めないようになってきたと感じており，むしろ，町工場のような小企業の方がうまく行くものと考えている。大会社での新製品開発は事業部制などを採用することがよいと考えており，それも中央集権化されたものではなくて，松下電器のように事業部長に社長と同等の権限を与えている事業部制の方が望ましいと考える。このことについては，新製品を数多く生み出している現在の松下電器の姿からいっても明らかである。

　このように新製品開発において成功するためには，広い権限を持っている人間が責任を持ってやることが必要である。逆にいえば，広い権限を持たされていなければ成功しないということである。

誰にでもできる

　新製品開発は最初の段階から踏むこと，すなわち，発見段階から出発することが最も望ましいことである。しかし，発見段階から始めなければならないという考えは反省しなくてはならない。つまり，大研究所を持ってその研究所で発見・発明するのだというのは考え

過ぎである．むしろ，発見・発明というものは，街の発明家によって成功をおさめているというのが統計も示すところである．さらに極端に言えば，会社の開発部のようなところで新製品のアイデアが生まれるものではないということである．

その良い例として東芝の例を話すと，東芝における新製品（例えば，電気炊飯器，外部から冷水を取り出せる冷蔵庫，もちつき機などの目玉商品）といわれるものは，東芝の大研究所で生まれたものではない．これらはいずれも大発見とか大発明によるものではなく，現場（工場）の人間とか一商店の店主などのアイデアによって生まれたものである．

このように考えると，いわゆる発見とか発明とかアイデアの"種"というものは，われわれのまわりにどこにでもころがっており，その"種"を見つけ出して，それを育てるということの方がむしろ重要であると言わざるを得ない．

さらに重要なことは，学がなければ新しいアイデアは生まれないという考えは間違いである．東芝の例にもあるように，ヒット商品といわれるものの多くは，普通の教育しか受けていないどこにでもいるような人によって考えられたものである．プリンテッドサーキット（配線盤）を発明し特許を獲得した宮田電気の社長においてもまた然りということである．彼は，普通の小学校しか出ていないガラス細工の職人であり，街の発明家の代表的な人だったのである．

思い違うな

こうした一連のプロセスを考えたとき，各段階についてもそれぞれの心得があるが，総じて言えることは，ダイバージ（diverge）

したものから出発することが重要である。つまり，開発段階に至るまでにはいろいろなアイデアがあり，そうした多くのアイデアがいくつかの過程を踏んで，最終的にはいくつかのものに絞られて製造段階へと入る。言い換えれば，製造段階に入るまでには，多くのアイデアを市場というものの状態や自社の技術やその他の社内事情と照らし合せながらコンバージ（converge）していって初めてマーケット（市場）と製造とがうまく結びつくのであり，このようにして新製品というものが生まれるのである。

ここで注意しなければならないことは，一人の発明狂といわれる人の考え（アイデア）が先行してしまって製造・販売段階へと進んでしまうことである。つまり，いろいろな人が出すアイデアをダイバージすることもなく，また，コンバージすることもなく，ただ一つのアイデアだけで進んでしまうことである。一般には，このように，発明狂といわれる人が一つのアイデアを出すと，そのまわりの人々までが"それはよい考えである"と思い込み，最後までいってしまいがちである。こうした事実は，市場というものを全く反映しないやり方であり，極めて危険で，かつ，恐ろしいことである。

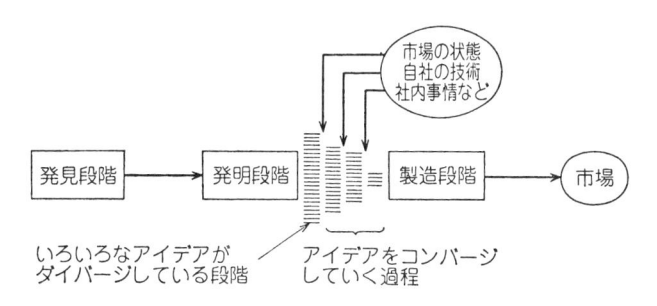

図 4.2

4.2 発見・発明の方式

エジソン式とラングミヤー式

"着想"（創意，思いつき，考案）ができる条件とは"要求"（ゴール，目的，要求，目標，問題）と"知識"（法則，実験式，原理，材料，手段，物性値，常数）の双方が必要である。言い換えれば，要求と知識とが結びついたときに着想が可能であるということである。

この三者の関係を人間の関係にあてはめると，図4.3に示しているように，"恋愛"をした後"求婚"を行い，その後に"結婚"，"受胎"するということになる。さらにこの考え方を進めていくと，着想の後に"実現可能性試験"つまりお腹の中で育つ"胎育"があり，つぎの"出産"という段階を迎えるのである。

外国において，新製品開発に成功した例を見ると，すべてこうした一連の段階を踏んでいる。結果的には，一つのものが選ばれてきているので，普通難なく出産を迎え開発段階へと進んでいくように考えられているが，実際には，多くのアイデアが徐々に絞られていく過程を経ているのである。こうして見ると，日本の会社においても，せめてこの"出産"の段階まではやるべきだと思うのである。

着想が生まれてくるまでには，二つの発明の仕方がある。一つはエジソン式発明であり，他の一つはラングミヤー式発明である。ご存知の通り，エジソンは小学校しか卒業していない人であり，ラングミヤーはノーベル賞を受賞したような大学者である。二人とも電球を研究していたゼネラルエレクトロニック（GE）社の創始者であり関係者である。

4.2 発見・発明の方式

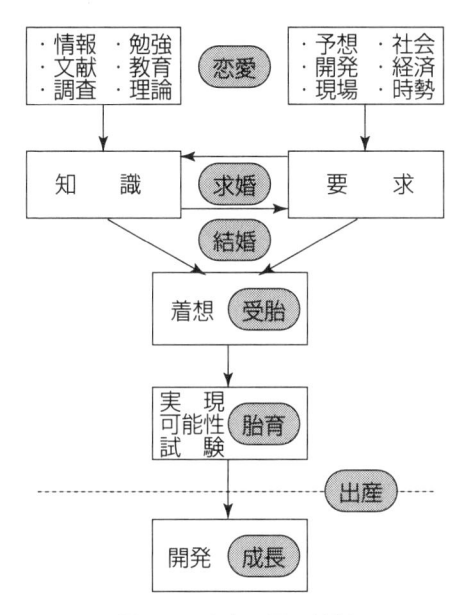

図 4.3 出産に至る過程

この二人の発明者の発明の仕方には大変大きな違いがある。それは，求婚という段階におけるアプローチの仕方である。つまり，知識の方から要求に対してアプローチするのか，あるいはその逆のアプローチをするのかというころである。エジソン式発明では，要求が先にあって知識がそれに追従していくというやり方（要求→知識）であり，ラングミヤー式発明では，知識が先にあってその知識を応用して要求を満たすというやり方（知識→要求）である。

この両者の基本的な相違点は，そのアプローチの仕方における"態度"の違いである。このことについて，さらに詳しく述べると，一般に言われている"知恵"という言葉は，ここでいう着想のことである。そして"知識はあれども知恵はなし"と言われていること

の意味は、知識だけでは知恵は出てこない、つまり、着想はできないということである。こうした場合の知恵とは、切迫感がなければ出てこないといわれている。つまり、"窮すれば通ず"とか"背水の陣"ということわざは、ここでいう切迫感を指しているのであり、これはここでいう"要求"を強く言った場合の意味である。

いま、一般論としていえば、エジソン式の方がラングミヤー式よりも成功の確率が高い。別のいい方をすれば、街の発明家式の方がずっと成立しやすいということである。ところが、ラングミヤー式の方は、一たび発明が成立すれば大発明になる可能性がある。つまり、基本的レベルでの特許や大特許を獲得できるのである。しかし、そうした発明はそうざらにあるものではないのである。

発明家といえば誰しもエジソンを思い浮かべる。それだけエジソン式発明の方が一般性がある。それは既存の知識の組み合わせによってできる発明だからである。

そして、そのような着想を立証してみる部門を研究所と名付けることがある。しかも、その内容は研究というにはほど遠い試作である場合が多い。むしろ、そういうところは試作試験所というべきものである。

エジソン式発明の大切な点は要求するところをうまく解析するこ

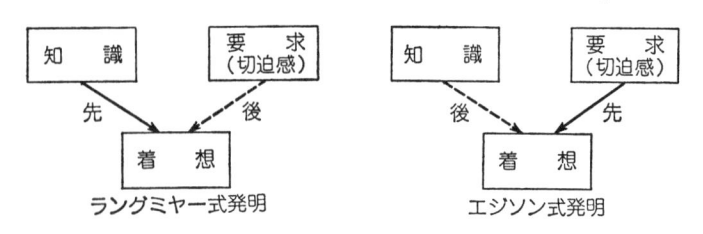

図 4.4 二つの発明の仕方

とにある。ここにいう要求とは、社会の要求，人間の欲望，便利なものへの要求等々である。これらの要求は時々刻々変化し，常に新しい要求が現れている。人間の夢は新しい要求を生むものであり，"必要は発明の母"であるというのは，このエジソン式発明を表している。新しい要求を見つけ出し，それを満足させる方法や物を考え出すには必ずしも高邁な知識を必要としない。既存のありふれた常識や類似の事象の知識からの類推で発明できる。多くの街の発明家のよくするところである。

一方，ラングミヤー式発明は新知識の発見から生まれるものであって，また新発見は忠実な観察から生まれる。観察には自然にある事象を観察することと，わざわざ事象を起こさせて実験することが含まれる。観察とは，いろいろな機械・器具を用いて五官，特に目に感ずるようにもっていくことである。直接目に見えない事象の観察には，目に見えるようにするための工夫が必要である。そこにはまた，そのための発明や技術が必要となり，他の目的のために発達した技術が新しい観察方法を提供し，新発見を誘発することがある。

発明の成立

ラングミヤー式発明にしても，エジソン式発明にしても，知識と要求の結びつきによって生ずるものであるから，自分ひとりで考えているよりも，要求を持つ人と知識を持つ人とが語り合うことは大変効果的である。"三人よれば文殊の知恵"ということわざのようなものである。例えば，老人と若者とがそれぞれ知識と要求とを出し合うことも効果的である。

発明が成立するためには，単なる思いつきだけでなく，それが実現する可能性のあることが立証されなければならない。これは思考の上だけでなく，実験的にあるいは理論的に立証される必要がある。場合によっては単にその要点だけでもよいが，できれば全体を試作または試行してみることである。それには何がしかの費用がいるが，そのやり方はピンからキリまであって，実現可能性を最小限立証するのであれば，存外金のかからない方法でやれるものである。

　それよりは，むしろこの立証前に何だかんだとケチをつける人間の存在を消すことが必要である。それには誰か"大物"がパトロンとなって面倒をみてやる必要がある。"大物"は何も発明の内容など理解する必要はない。"何となく重要であり，できるような気がするから，おれは面倒をみてやるのだ"というのでよいのである。それは，政界の大立物，財界の大物，会社の実力者，あるいは単なる上役でもよい。一般に科学者・技術者というものは，悲観的・消極的にものごとを考えがちであり，頭が複雑であって，実行力に乏しく，発明を育てるのは不得手である。その理由はむしろ対抗意識が強いからかも知れない。

4.3 "変だぞ！"が発見・発明につながる

　エジソン式発明では，"要求"をいかに上手に"知識"と結びつけるかということが問題であり，そのためには適切な分析を行わなければならない。つまり，"要求"とか"目標"といったものをいきなり"知識"に結びつけようと思ってもなかなか結びつくものではなく，そのためには論理的（ロジカル）な考え方で分析していか

なくてはならないということである。

　しかし，分析を通して最後にある"知識"と結びつく瞬間というものは"インスピレーション"（ハッと思う）という類のものである。つまり"これに決めた"という瞬間は俗にいう思いつきであり，理屈ではないのである。他方，分析を通していっても，どうしてもうまく"知識"と結びつかないという事態を迎えた場合には，もとの"要求"という段階（振り出し）にもどることが秘訣である。つまり，"要求"か"知識"に結びつくまでは，何度でも振り出しにもどって考え直すという態度が極めて大切である。

　したがって，エジソン式発明の促進の仕方において大事なことは，ここでいうインスピレーションとか思いつきとか直観といった類のことを大切にしなければならないということである。一般には，そ

うしたものを簡単に否定したり退けたりする傾向にあるが，これは大変悪い習慣であり，大きな誤りである。

エジソン式発明の仕方では，その"要求"を分析する能力があれば，あとは努力によって既存の知識といくらでも結びつけていくことができる。また，別の言い方をすれば，どこかに結びつく知識が存在しているということである。その意味においては，エジソン式発明における"知識を求めるということ"自体にはそれほどの苦労を要さないともいえる。

一方，ラングミヤー式発明の場合は，既存の知識というものはあまり意味を持たない。つまり"発見"で得た新知識や新素材などというものを見つけてきたとすれば，その応用は"要求"を求めることによってしか見つからないものである。したがって，これは大変困難な方法であるといわざるを得ない。

発見というものには，偶然性というものがある。図 4.5 は，理論から出発して発見に至る一連のサーキットを示すもので，いま仮にある理論がここにあるとすると，その理論に基づいてある予言（予想）をする。その予想したものを，観測や実験を通して観察する。もし，予想通りになれば，それは理論通りだったということになる。

一般には，こうした（理論通りだった）ことを十分期待しているのが普通であり，観察した結果が理論通りでなかった場合などは，"これは何かの間違いだ！"といって簡単に片付けてしまうものである。こうした態度は，自らをあざむく大きな原因となり，大変な損失である。つまり，観察結果が"理論通りではない"，"何だか変だ"ということに気がついたなら，その"変なこと"に関して徹底的に究明をすることが新しい発見につながるということである。こ

4.3 "変だぞ！"

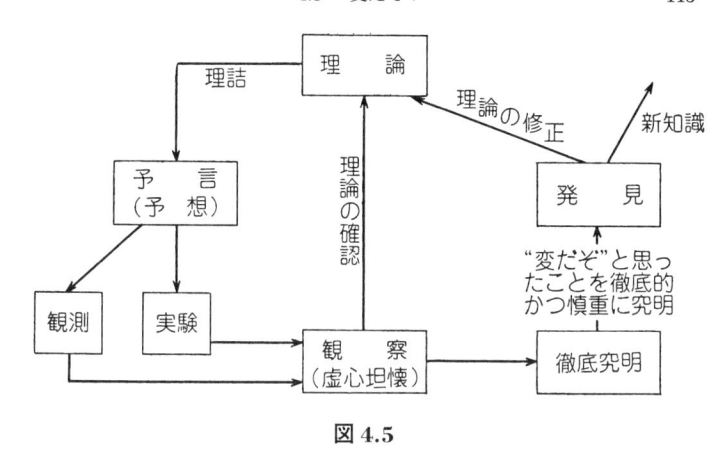

図 4.5

うした発明の代表的なものとして，ペニシリンの発見があるのは周知の通りである。

一つの発見がなされると，その発見に基づいていろいろな類推を通していくつもの類似発見とか発明が可能である。これはペニシリン発見以後，数多くの抗生物質が発見されたり，発明されたことからも明らかであろう。このように，一つの発見があれば，それを手がかりとしていろいろな発明を成立させていくことができるというのがラングミヤー式発明の仕方である。これは，研究所的な発明の

新しい材料を発明したが，その応用の仕方が分からない，できないといった場合には，根気を持って（足を使って）歩かなくてはならない。つまり，多くの人に会い，その応用の仕方を見つけてもらうしかないのである。シリコン・カーバイト（SiC）（1300〜1800°C の高温でも燃えないカーボン）が現在もてはやされているのも，そうした努力によるものである。

仕方であり，街の発明家にとっては少し難しい発明の仕方であるといえよう。

このように，エジソン式発明とラングミヤー式発明の二つの発明の仕方を区別して考えて，その上で促進の仕方を各人の頭の中で研究されると役立つ考え方ができるはずである。

着 想 法

発明は着想から始まる。また，新製品開発とは，市場の要求と会社の技術との結合であるといわれている。着想ができるためには，要求と知識が結合し，その中から実現可能性のあるものが選択される必要がある。この場合，要求とは社会や会社が要求し，あるいは要求するであろうという予想のものでもよい。また，知識といってもそのうちには原理・原則から経験・技術，さては物質や材料というようなはなはだ広い範囲のものを考えてもよい。

この二つの結合は，一般に潜在意識の中で行われるといわれている。そして，このような着想をどうしたら促進できるかということが創造性の開発といって騒がれている。それには，オズボーン氏の発案したブレーン・ストーミングやゴードン氏のシネクティクスなどというのがある。

要求というものはそのままでは知識と結びつきにくいものである。それには，まず，要求とか必要とかを分析あるいは細分化して，より具体性を持ったものにする努力をすることである。

例えば，会社が"もっと利益を上げたい"という要求が強いとする。そのためには，ある製品の重量を軽くすることが得策であると考えられたとすると，まず，その製品のどこが一番重いのかを調べ

る。そこの重量を減らすには，その材料をより比重の軽い材料に置き換えればよい。そうするためには，構造を変えなければならない。しかし，どういうふうに構造を変えたらよいか分からない……などと，次第に問題を具体的にしぼっていく。そうすると，だんだんこの要求に見合う知恵が出て，着想ができやすくなる。発明の上手な人というのは，このように上手に要求を細分化し具体化する人である。

　最初の要求をどんどん細分化してもよい知恵と結びつかなかったら，いつまでもその細分化にこだわらずに，再度最初の要求に立ち返ってほかの細分化の仕方でやり直すのである。それでもだめなら，また振り出しにもどるというようにいろいろな分析をやる。この要領は，少し練習すれば比較的容易に体得できる。

　一方，知識の方は，どんなに上手に分類整理されているかによって，より適切な知恵が出てくるのであるが，実際には，単に分類整理されているだけではなかなかよい知恵は出にくいものである。そこで必要なことは元来，潜在意識の中に深く潜んでいる知識をずるずると引っぱり出す手段を講ずることである。

　その一つは，百科事典など直接問題に関係のないと思われる本を見ることである。それは読むのではない，見るのである。あまり大部なものでなく，小中学生用の小型の百科事典などがよい。細分化した要求とか問題とかを十分に潜在意識の中にたたきこんでおいて，気楽に囚われない気持ちで，ペラペラとページをめくりながら絵や字をながめていく。そうすると，ふと何ものかに気がつく。そして目をつぶると，次々と想像が展開していって，ついてハッとひらめいて"これはいける"と思い当たる。これが着想の芽である。

それからは，十分理性を働かして，"これは本当に実現するだろうか"，"どうすれば，実際にやれるか"を考えるのである。

このような書物のかわりに，いろいろな発明の型を思い出してみる方法もある。それには，従来なされた多くの発明を分類しておいて，一つ一つそれに習った考え方をしてみるというやり方である。これを前の百科事典法と同じように，あらかじめ問題を潜在意識の中にたたきこんでおいて，この分類表を一項目ずつ理解して，今日1日はその項目について考えてみることにし，次の日は次の項目というように，かなり長い期間かかって要求に見合う知識の出てくるのを待つというやり方である。

一体，着想というものは，むやみに理屈や理性で考えても出てくるものではない。細分化した要求の方は，意識して潜在意識の中へたたきこむために，それを繰り返し頭に思い浮かべ，寝ても覚めても忘れないようにしておくが，知識の方は努力ではどうにもならない。出てくるのを待つだけのことである。

しかし，それを多少促進するのは前述したような型を使ったり，ぶらりと散歩に出たり，寝る前や起きる間際にふと出てくるようにすることである。お茶を飲んだり，酒を少し飲んだりすると，よい考えが浮かんでくるという人もいる。座禅や自己催眠などもよいといわれている。

知識というものも，理屈や理論のようなものから導かれて出てきたものよりも，もっと実感的なものの方がはるかに役に立つ。本を読んでの知識より，自分で実物を見て，手に触れて，つぶさに体験したようなものがポーッと浮かんでくるのであるから，日ごろ"人生とは経験をつむことなり"と信じて，何でもかんでも経験をして

おくようにするのは後で有益である。

　老人には夢がなくなって発明なども少なくなるといわれるが，夢多い若者がどしどし問題や要求を出して，経験豊かな建設的な年長者が知識を引き出してよい着想を出した例は多いのである。

強い要求を持つこと

　会社において着想を促進させるためには，その人に強烈な要求を持たせることである。それには，その人を窮地に追い込むという方法がある。その人が本当に責任を感じて，何とかしなければならないと思うときは強い要求が出る。"背水の陣を敷く"というのも同じである。

　人間が本当に窮迫した場合には，必ずよい知恵が出るものである。"窮すれば通ず"とはよくいったものである。これらはすべて要求の強さを意味するのである。

　もし，一向によい着想も提案も出ないとするならば，それは各人が一向に責任を痛感していない場合が多い。各自の責任範囲が明白でないか，あるいは，うまい具合に責任を他に転嫁できるような仕組みになっているからである。

　次に"適切な要求"とは，発明しやすいように要求が具体的に分化されているということである。

　この場合，気をつけなければならないことは，"天邪鬼"になることである。人間が悩むということは矛盾する二つの要求を持つことである。これを克服したときに，大きな進歩と喜びがあるが，まず最初はどちらかを犠牲にして，一方だけを満足するものを考え，余裕ができてから両方を超越した新しい構想を立てるべきである。

また，ときには，本当にその要求を満足することが必要なのかと疑いたくなるようなあいまいなことがある。苦心してよい考えを出してみると，"いや，それほど必要ではないんだ"などということがあまりにも多い。本当に"適切な強い要求"が出されたときは，ほとんど問題が解決し，発明ができたときであるということが多い。それほどに，"適切な強い要求"というものは出てきていないものである。

　ことに社会で何が要求されているかということを把握することにもっともっと多くの努力が払われてよいと思う。例えば，窮地に追い込まれた会社が，全社員に1週間の有給休暇と実費を支払うから，各自必ず一つ以上"自社の能力で解決し得る要求"を探してこいと宣言したとしたら，どんな結果が得られるであろうか。もちろん，こんなことは労働組合もあって実行できるものではないが，考え方として意味深長なものがある。

　先に述べたように，創造性の開発にブレーン・ストーミングやシテクティクスなどといっていろいろの術が喧伝されている。これらの方法は，前提として"適切な強い要求"が出されていてはじめて効果の上がるものである。また，出された着想や提案を丹精こめて育て上げてこそ，よい実を結ぶものである。

　着想や提案は十分育て上げてから評価すべきものであって，種の間にどんな花が咲くか見分けられるものではない。着想や提案をそれ自体で評価することは誤りである。よい花を咲かせるには，よい土とよい育て方が大切であることを忘れてはならない。

　人間の欲望は無限であって，そのために悩みもし，喜びもし，生きているともいえる。しかし，その欲望は一体何であるかというこ

とは，なかなか分からないものである。

　一体自分は，いま，どんな欲望が満たされないから不満なのか，不愉快なのかも分からない。何だか知らないが欲求不満であるということが多い。また，欲望が満たされ得ないことを感じて，無意識にあきらめてしまっているということが多い。特に，東洋的・仏教的思想にはこのあきらめの精神が強いようである。満たされざる欲望からくる悩みを回避しようとするには"あきらめ"は都合のよいものであろうが，発明技術の発達にとっては"あきらめ"は大敵である。あくことのない欲望こそは発明の源である。

　新製品とは社会の要求を満たすものでなければならないといったが，この社会の要求というものは多数の人々の欲望を満たすものである。極めて特別な少人数の欲望は，企業にとって新製品開発の対象にはなりにくい。だから社会の要求とはなり得ないものである。

　新製品開発には，この適切な社会の要求というものをいかにしてつかむかということが最も重要なことであり，その成功が企業にとっても新製品開発全体の成功の大半を占めると考えても誤りでない。

　前にも述べたように，人間，特に東洋人はあきらめの境地，禁欲礼賛などから無意識のうちに欲望を無視しているし，また欲求不満の原因は自分でさえなかなか分からないし，まして社会が本当に何を要求しているかなど，なかなか分からないものである。

　昨今，市場調査という言葉によって，社会の要求が手にとるように分かる手段があるかのように思っている人がいるが，それは大変な誤りである。

　要求にも，いろいろな段階がある。

① 必要だというもの
② あった方がよいというもの
③ 要求があるかも知れないという程度のもの

存外，新製品というものも発売当時は"あった方がよい"という程度のものである。"必要"という程度でしかなかったものが，だんだん普及し，一般化し，必需品化していくものである。したがって，発案当初は③であり，発売当初は②であり，後に①になることが多いのである。その意味でなおさら社会の要求というものを，発案段階で発見しようとしても容易なことではない。"必要"という程度のものになっているものなら，調査をすれば容易に分かるものなのだからである。

それでは，どのようにして適切な社会の要求をつかむか。それには，どんな情報をどうして集め，誰が，どんな態度で，社会の要求なるものを推察するかを考えてみよう。

一つの方法は，自分が社会の一代表者として，日常目にふれ，事に接しているたびに，"こんなものがあったら，よりよい生活ができるだろう"と思われるものを考えてみることである。それには，人間はやはりそうしなければならないように追いつめられる方が促進しやすいものであるから，要求をつかみ，新製品を考える職責を持たせ，そして責任を追求するとよい。その人が責任を痛感すればするほど，情報活用能力は増すから発案は増える。野良犬が餌を探し出す能力は，腹が空いているほど強くなるのと似ている。

その人が自社の技術能力でどういうことをなし得るかを熟知しておく必要がある。それは，必ずしもその人に設計能力があるということではなく，実現が可能かどうかということだけを直感的に判断

できる能力を持っていることである。これは決して，評価能力でもなく，批判能力でもない。"いける！"ということの方が大切で，"できない！"という理由を求めているのではない。

"できない"ということは，"可能にする方法を自分が指示する能力がない"といっているだけのことである。"残念ながら，自分にはできそうもない"が"何とかして可能にする方法はないものか"，"誰かに教えてほしいものだ"，"神様，お助け下さい"という謙虚な気持で"可能にすること"を求めたら，必ず道はあるものなのである。

軽率にその実現の難易，でき上がったときの価値評価などをしてはいけない。それは他の機会に，他の人が，他の立場で，他の規準で行うであろう。発案をする人はともかく種を探してくればよいのである。そして，"いける！"という根拠をできるだけ多く確かにしておけばよいのである。

情報は，切手収集家のように集めること自身には何の価値もないものである。その情報を活用することに意義がある。したがって，まず情報を活用する情熱と術とを十分養っておいてから，自分の方から情報を求めるようにすべきである。情報があるから用いるのではない。世の中に情報源はいたるところにある。しかし，求めないものには与えられない。

要求を探し求めるということは，現状に満足しないということの中から自社の能力で実現可能な解決策のあるものを見出すことである。常に自分を不満足を敏感に感じるようにしておかなければならないのと同じように，自社の能力を十分応用のきく形で把握している必要がある。

自社の能力といっても，いまある能力だけでなく，努力すれば手に入るであろうものも含めて，ある程度拡張して考えてよい。特に関係会社はもちろん，日本全体，世界をも自分の下請けと考えて，それを動かす能力を併せて考えておけばよい。

　したがって，自社能力というものをこの段階では過小評価するようなことがあってはならない。この着想段階では，"何でもできる能力がある"と過大評価する方がむしろ誤りは少ない。ただ，技術的にできるということの判断ができればよいのである。

　社会の要求を探すのも一つの手段である。自社の現商品を少し修正することで，社会の要求に合うものがないかと市場を歩いて要求を求めるやり方である。技術に明るい人をその気にさせて社会をほっつき歩かせる方法である。

　そのとき，必ずいくつかの発案をみやげに報告させる。しかし，その発案の価値はその時点では論じないことにすることである。よい発案というものは，多数のくだらないと思われる発案の中から拾い上げられるものであって，ダイヤモンドでもはじめは普通の砂と見分けにくいものである。育てずして，はじめからよい発案などあり得ないということである。

新知識の発見

　観察には，結果を予期してそれを確かめる方法と，何も予期しないで何が起こるかを虚心坦懐に見守るという方法とがある。

　前者の場合は，観察の結果が予期に反した場合，結果の再現性を確認してみて，もし観察法に明らかな誤りがなければ，また，予期をするための理論並びに手順に誤りがなければ，そこに新発見をす

4.3 "変だぞ！"

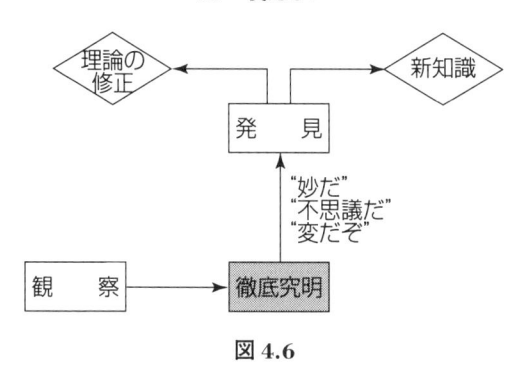

図 4.6

(図: 観察 → 徹底究明 →("妙だ""不思議だ""変だぞ")→ 発見 → 理論の修正／新知識)

るチャンスがある．

　人情として，予期した通りの結果が得られた場合に喜ぶのは当然であるが，あいまいな結果が出たときや明らかに予期に反した結果の出たとき，十分に詮索もしないで"何かの誤りだろう，予期通りの結果が出るはずだから"と，せっかくの新発見があるのに見逃してしまう場合があまりにも多いのには驚くほどである．

　後者の場合は，ありのままを観察した中から，既存の知識で説明のつくものと説明のできないものとに区別する必要がある．説明できないものの中に新発見があるのだが，自分に説明能力がないために説明できずに，それは新発見ではないと早合点することが多い．そのためには豊富な知識と巧みな説明能力とを養っておく必要がある．また，この説明能力は新しい発見を確証する能力であり，直感的・インスピレーション的な潜在意識の活動を必要とするものである．

　新発見は"これは変だぞ"，"これは不思議だ"，"これは妙だ"というように感じることから始まるものである．特に，実験の手違いや失敗があって，それを徹底的に究明しようとして，そこに新発見

をすることはしばしばある。よく"失敗は成功のもと"というではないか。

　新知識の発見は，基礎研究や応用研究でのみ得られるものでないことは，研究という言葉を使わず観察という言葉で説明したので分かっていただけたと思う。

　工場での観察，発明の実現可能性試験中の観察，日常操業中の観察，開発段階の観察など，ありとあらゆる場面，立場，機会に発見はあり得るのであって，要は鋭い観察と直感のたまものである。たとえそれが世界的な大発見でなく，その場面特有の事情であったとしても，それが役に立つ発見であり得るのである。

　このようにして発見された新しい事象は，直ちにそれの応用によ

って何か人間の要求を満たすようなものはないか，と考えてみることである．

それには，まず，この新しい知識を思いつめて思いつめて，寝ても覚めても忘れないように潜在意識の中にたたきこむ．そして，何か役に立てる道はないかと探し求める．ときには街をうろつき，ときには工場見学し，また旅行に出かけたり，書物や雑誌をチラッと見たりしているときに"ハッ"と思いつくときがある．全く"犬も歩けば棒にあたる"のたとえのようである．ときには数年後にはじめて適切な要求にめぐり合うようなこともある．

ラングミヤー式にしても，必ずしも世界的大発見である必要はない．少なくともありふれた事象でないものを見つけたら，上記のようにその応用を探し求めることである．

また，自分の発見でなくても，学術雑誌などで自分にとっては新しい知識があったなら，それの応用の道がないかを思索してみることは，それ自身発明につながることがあるだけでなく，ラングミヤー式発明法のよい練習になるものである．

初めから役に立つ研究などというものはなく，研究結果を役立つように自他協力して育てあげるとき，はじめて役に立つ研究となるのである．どんなによい研究であっても，それを役立たせなければ人間の生活には役立たない．それは単に人間の知識を増し，いつか誰かが役立てるかも知れないというだけのことであって，まだ役に立ったとはいえないのである．

理論と現実

観察段階において"変だぞ"，"おかしいぞ"といったことが大発

見に至ると言ったが，こうした発見は大学者とか大研究所でなければできない問題ではない。つまり，工場の現場においても"変だぞ"ということがあれば，そこには大発見の種があり得るということであり，その意味において，われわれの周囲には至るところに大発見の可能性が存在している。例えば，ノーベル賞を受賞した江崎氏がトンネル・エフェクトを見つけ出し，それをダイオードとして応用し得たのも，またベークライトの発見に至る過程においても，いうところのラングミヤー式発明がなされているということである。

　この例からも明らかなように，発明と発見が生まれるのは，注意深く観察しさえすれば，必ずしも実験室や研究室といったところに限ったことではない。だが，一般社会というところでは，現象（"変だぞ"と思うもと）のばらつきが非常に大きいといわざるを得ない。つまり，"変だぞ"と思っても，理論というものを持ち合わせていないがゆえに簡単に片付けてしまうということである。

　私は，"理論"というものは"線"であると考え，"現実"というものは"点"であると考えている。ここでいう現実とは，観察し得る現実というものであり，いわゆる経験というものにつながるものを意味している。このことを説明するに当たり，図 4.7 を参考にしていただきたい。

　(a)は"理論"を示し，(b)は"現実"を示している。すなわち，(a)が示していることは，直接であるか曲線であるかは別として，必ず"線"になるということであり，このことは二次元であろうが三次元であろうが，ともかく 1 本の線であることを示している。

　一方，(b)が示していることは，現実に"ある時点において観測された点"ということである。つまり，ある温度（ある時点）で観

測した場合に一つの点が得られたことを示しており，観測ごとの点をプロットしていけば，そこに少なからずばらつきがあることを意味している。

さて，前者の場合には，その線を延長することによって，自分がまだ観測したことのない温度における値を予測することができる。言い換えれば，x軸を時間軸とすれば，未来予測が可能であるということであり，ここに理論というもの，つまり，線というものの利点（ありがたさ）がある。

ところで，後者の場合には，観測時点ごとの観測値が示されているのであるから，そのばらつきの仕方によっては，温度(T)と性質(Q)との間には何の関係も存在しないと考えてしまうかも知れない。したがって，そうした場合には，"変だぞ"と思う心も起こらないはずである。すなわち，未来が予測できるからこそ"変だぞ"ということが分かるのであって，ばらつきがあるときには，そうした予測も不可能であり，"変だぞ"，"おかしいぞ"とは決して思えないのである。

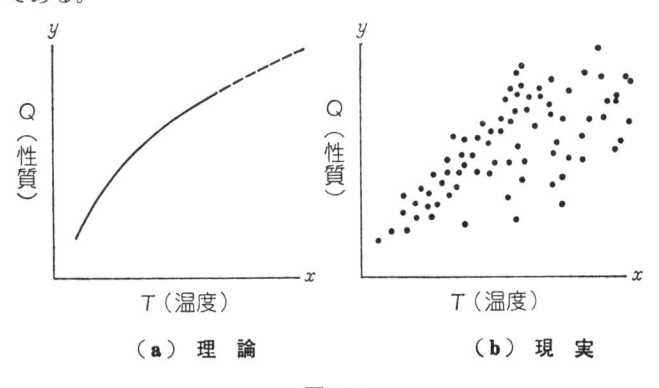

（a）理 論　　　　　　（b）現 実

図 4.7

ここで，私は理論と現実，つまり，線と点を結びつけることの重要性を強調したい。なぜならば，現実の一般社会で起こっていることは，いうところの"現実（ばらつきがある）"であり，そうした事実に基づいて未来を予測する必要性が起こってくるということである。

平均値の利用

"平均値"という概念は，ある温度 (t_n) におけるいくつかの値 ($q_1, q_2, q_3, \cdots, q_m$) の平均値 ($\Sigma q_m/m$) というものを算出していくと，1本の線状のもの（あるいは，線に近い状態のもの）が得られるということであり，これを未来予測のために使用するということも決して不可能ではない。このやり方（平均値を利用する方法）は，理論と現実を結びつける一つの良い方法であるといえよう。

確率論の利用

ところが，いま述べた平均値による"線状化"においては，必ずしも正確な1本の線が得られるとは限らない。そのばらつきが非常に大きい場合，点在しているばらつき点（線を求めようとするが

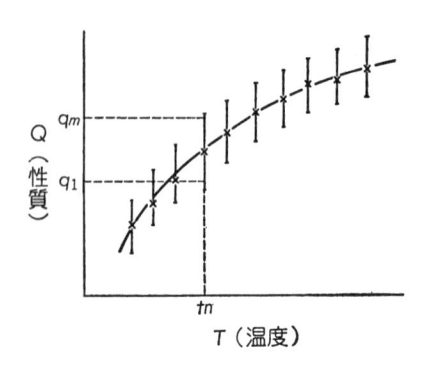

図 **4.8**

4.3 "変だぞ！"

ゆえに無視せざるを得なかったばらつき点）を考慮した上で未来の予想をしようと試みても，それは不可能なことであろう。

こうした場合の対処の仕方としては，現代の科学的方法として"確率論"ただ一つしかない。確率論の示すところによると，次の点がどこに打たれるかということは，確率でした予測できないということである。すなわち，平均値に近いところに現れる確率は高く，平均値から遠ざかったところに現れる確率は低いということである。したがって，極度のばらつきが生じた場合には，こうした確率論的な考え方でも対処することは不可能であるといわざるを得ない。その良い例として，宝くじの話がある。

いま，仮に宝くじをAという人は100枚買い，Bという人は1枚買ったとする。その結果，Aさんは何も当たらず，Bさんは当たったとする。こうした場合，一般にBさんは"運のよい人だ"といわれ，Aさんは"たくさん買って当たる確率が高いのに残念だったなあ"としか言われないであろう。このように，宝くじの当たる確率は，そのばらつきがあまりにも膨大なために全く当てにならない。ここに確率論の限界があることを認めざるを得ないのである。しかし，ここに確実な確率がある。それは"宝くじを買っていなければ，決して当たることはない"という事実である。

このことはラングミヤー式発明と深いかかわりを持っている。すなわち，日本の大半の企業の規模は米国のそれと比較して圧倒的に小さく，その研究機関の規模においてもまた然りである。米国の大会社においては，何万何千という研究員を動員して研究活動を進めているのであるから，われわれのような小さな会社の研究所でどんなに頑張ってもとても勝ち目はないとあきらめてはいけないという

ことである。別のいい方をすれば、宝くじを1枚買っていれば、"当たる確率"は必ずあるということである。

こうした考えに基づいた研究を通して成功している会社が数多くある事実を忘れてはならない。したがって、ここで大事なことは、"当たる確率"を高めるためにそのばらつきを減らす工夫をすることであり、言い換えれば、その"現実"というものを観察する方法の中に非常に重要な問題があるということである。

分散分析法の利用

分散分析法の基本は"層別"をすることである。これを分かりやすくするために、次の例を考えてみよう。第二次世界大戦中の米国での話である。

米軍の戦艦が日本軍（カミカゼ）によって多数撃沈された。そこで、どうすれば撃沈されずにすむかを考えてみた結果、基本的には二つの提案が出された。一つは、すべての戦艦は洋上を蛇行し続けて逃げまわっているべきというものであり、他の一つは、すべての戦艦は洋上に停止して高射砲を多数打ち続けることの方が有効な手段であるというものであった。そのとき、最初に参考にしたデータとは、表4.1のようなものである。

このデータからは、いまあげた二つの提案の良し悪しを決定することはできない。つまり、洋上を逃げまわっていようが、停止していようが、撃沈される確率は五分五分であり、どちらの場合でも条件は同じだということである。

そこで、次の段階として分散分析的な考えに基づき、層別を試みてはどうかということになり、戦艦の大きさ及びその動静を基準として、表4.2のような分類を行った。

表 4.1 出動戦艦のうち撃沈されなかった艦の割合 (%)

蛇行していた戦艦	50
停止していた戦艦	50

表 4.2 出動戦艦のうち撃沈されなかった艦の割合 (%)

	大型戦艦	小型戦艦
蛇行していた戦艦	0	50
停止していた戦艦	50	0

これによって，大型戦艦の場合には洋上に停止している方が撃沈されずにすむ確率が高く，小型戦艦の場合には洋上を蛇行して逃げまわった方が有利であるという結果が得られた。

この話からも明らかなように，層別するのかしないのかということと，層別の仕方の上手下手ということが大きな意味を持つことが分かるであろう。すなわち，この場合，大型艦と小型艦とに層別したことが結果的に有利な成果を上げたということであり，もし艦長の年齢（例えば，老艦長と若い艦長）によって層別していたなら，こうした結果は得られなかったかも知れないのである。

このことは，われわれが調査会社に調査を依頼する場合にも当てはまる。その調査会社が行う層別の仕方（の上手下手）によっては，得られるデータが生きてくることもあれば，全く意味を持たないこともあり得るということである。こうして見ると，注意深くしかも徹底的な"観察"を行ってはじめて適切な層別が可能であるといえる。

4.4 アイデアの実現可能性

たとえ着想がそこに現れても，その意義ということ自身は紙に書いた餅みたいなもので，それ自身はあまり価値がない。ここで大事

なことは何千何百というアイデアをこの段階で"評価"してしまうのではなく，どうすればそのアイデアが育つか，また，どういうふうに指導することが必要かを考えることである。

　一般に，新製品につながる特に大事なアイデアというものは，その会社の客の側から出てくるものが多く，その数は大変なものである。そうしたときに，"それはダメだ"とか，"そんな考えはつまらない"と片っ端から評価してしまうのが通常見られるアイデア処理の仕方である。このように，アイデア発生と同時に，それらを即座に評価してしまうという仕方は，結果的に大きな損失を招くといわざるを得ない。

　いま仮に，ある着想がなされたとする。つまり，あるアイデアが提案されたとする。そうした場合，その着想の実現可能性を試験してみないことには，その良し悪しは分からないはずである。その実現可能性を評価決定するためには，どのようなポイントに関して試

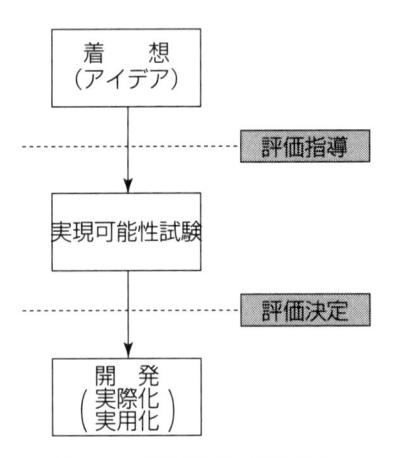

図 4.9　評価指導と評価決定

4.4 アイデアの実現可能性

験をすることが必要か，また，どのような調べ方をすることが必要かを指導することが大切である。

別の見方をすれば，実現可能性試験における要領の良し悪しは開発費というものと密接に関係してくる。つまり，実現可能性を決定するためのポイントとその調査研究の仕方とが明らかになっていなければ，経済的な試験をすることができないということである。

こうした一連の段階を踏んではじめて"出産"という段階を迎えるのであるが，ここで大切なことは，このようにして絞られてきたアイデアを一時冷凍（保存）しておくことである。すなわち，特許申請ができるまでになったアイデアを即座に次の段階（実際化）に移すということは，さきに述べた発明狂のコースをたどる恐れがある。

一時，冷凍庫に入れたアイデアは適切な時期（ある場合には，その翌日かも知れないし，またある場合には5年先かも知れない）に取り出してくればよい。すなわち，市場あるいは社会におけるニーズと冷凍庫に保存しているアイデア（既存知識）というものとがうまく結びついたときに，そのアイデアを取り出してくれば新製品というものが生まれてくるのである。

このときに注意すべきことは，簡単に絞ってしまうなということであり，必ず複数のものを準備することである。複数のものという意味は，これまで述べてきた特定のアイデアのほかに，その会社特有の技術・製品であるとか，市場性といったものを含めるということである。したがって，冷凍庫には，はじめにいろいろな種類のものをたくさん入れておく必要があるということである。

実現可能性試験

芽生えた着想が実現するかどうかを確かめてこそ，はじめて発明は成立するのである。

この方法として次のようなことを実行すべきである。

① 文献による調査
② 理論的検討
③ 電子計算機による計算
④ 実験
⑤ 試作・試行

しかし，どの方法でもすべてその着想の要点，問題点だけを調べればよいのであって，それをうまく見つけることが試験の時間と費用を最小にするコツである。特に着想を発明に持っていくことは時間のかかる場合もあるので，最短時間で目的を達するためには要点をうまくつかむ秘訣がいる。

文献による調査とは，各種のハンドブックや百科事典，アブストラクト類さらには原論文を調べることである。この場合，"自分の着想と同種のものがあるか"，"こんなことが可能か"という点を調べるのであって，文献に引きずられたり批判したりして，せっかくの着想を卑下したり，悲観的にみることではない。また，専門家に依頼して特許を調べてもらうことも一つの策である。

理論的検討は，その方面の専門家を訪問して詳しく説明し，実現可能性を答えてもらうのが得策である。このとき発明者というものは得てして自分の着想を高く評価し過ぎるために，他人の意見を聞きに行っているのに他人の批判に耳を傾けない，いわゆる発明狂に

なりがちであるから，自分の着想の価値を誇示してはならない。専門家にその着想の価値を問いに行くのではなく，その実現の可能性を問いに行くのであるから，お互いにその価値を論ずることを避けなければならない。

ところが，多くの場合，専門家は実現可能性を検討しないで，すぐその価値を評価して発明者の志気をくじくようなことをいう。専門家は発明者に一通り話を聞いたら討論に入る前に"それはよい考えですね……"と，とりあえずほめておいて，さらに詳しく説明を聞いてやってから，それを実現するための要点，問題点を見つけてやり，それをいかにしたら立証でき，克服できるかということを教えてやるべきである。

専門家はこの時点ではその価値を論じないで，その理論的な実現可能性だけを答えてやり，またその立証法を教えてやり，少なくとも立証することを手助けしてやるようにしなければならない。たとえそれが"一見つまらない着想"と思えても，決してそれを口にしてはならない。それは他の機会に，他の人が，他の方法で論ずるチャンスが必ずある。そのチャンスは実現可能性が立証されてから，実際に実現させる直前であろう。その着想の価値は，実現させる時期の社会環境で相対的にきまるものであるから，誰しも正確な価値がこの時点で分かるはずがないのである。

しかし，こうした誤りによって，いかに多くのよい発明が闇にほうむられているかを思うと恐ろしくなる。発明狂は困ったものだが，その存在の害よりも，よい発明の成立を打ち消すようなことを知らず知らずに犯すことの方が罪は重い。特に，専門家は無意識の

うちに素人の発明を嫉妬心からけなすという悪いくせがある。

電子計算機による計算は，最近非常な勢いで活用されるようになった。それには費用もかかるが，実験するよりも安くつく方が多い。逆に安いことが確かなときにだけ電子計算機を活用すればよい。特に理論的には可能なことは分かっているが，最適化されているかどうかを知るためには大変役に立つ。

しかし，計算には必ず仮定とか仮説を基にした理論と，それに当てはめる数値が必要である。その両者がその問題解決に適正なものであるという証明がない限り，その計算の結果からくる結論は信じてはならない。そういう可能性があるというだけのことである。この証明をあらかじめできることが望ましいが，多くは結果を実験で立証するほかはない。

実験は，その着想が理論的にまたは計算的に実現可能であるということが考えられたとしても，その理論や計算が適正な仮定の下に成り立っているかが疑わしい限り必ず必要なものである——たとえ，それが一要点だけについての間接的あるいは模擬的な実験であってもである。ここにいう実験とは，いわゆる試験管的な極めて小規模なものであってもよいし，既存の測定器具で要点だけの試作品を測定してみることでもよい。

このための実験こそは，その要点を適切につかみ要領よくやることによって，費用と時間とを大いに節約することができる。特に指導者たるものは顔が広く，多くの研究所の内容を知っていて，"それなら，何某（なにがし）に頼んで，ちょっと実験あるいは測定してもらうとよい"と教えてやり，道をつけてやるべきである。

実現可能性を試験するための実験や測定は，まず最初の瀬踏みであるから，時間を最大に尊ぶがゆえにむしろ拙速を尊ぶ。いずれ詳しく調べる必要があれば，その段階で実際のものを試作し，試行してみるのが最も的確である。さらに詳しい部分実験の費用と時間とを試作や試行の難易と比較してみて，部分実験をさらに詳しくやるべきかどうかを決定すればよいのである。

　試作・試行は実現可能性の立証の最後の手段である。それは最も費用と時間とがかかる問題であるから，それ以外の方法でやれるだけやって，必要な段階になってから慎重にやらなければならない。それにはまず，ポンチ絵的な設計をして，その設計に基づいて試作品をつくることである。しかし，一般には時間と費用と手間とを省くためには，架空の設計をするよりは現に手もとにある部品や材料をもとにして，それに合わせるように設計したバラック・セットの方がよい。体裁や能率を問題にしないで，ただ要領だけ満足させればよい。

　したがって，常日頃倉庫や物置に不要になった器具・機械・部品・台類・材料の切れ端などを整頓しておくとよい。何か試作・試行してみようと思うときは，ポンチ絵的な設計図だけを持ってその倉庫へ行き，使えそうな品物を探し出しそれらの組み合わせで何とか実験装置はできないものかと考え，それをもとにして詳しく設計してみることである。もし，自分の手もとにそんなものがないときには，ジャンク屋なりポンコツ屋なり，他の工場なりに出かけて，役に立ちそうなものを探してくるのも得策である。

　測定器具や試験用具も日頃どこにそんなものがあるかを見聞して

おいて，ちょっと借りるなり測らせてもらうなり，測ってもらうなりする道を持っていることが大切である。そのために自分の研究所内の他の研究室に何があるかをあらかじめ知っておくことも必要だろうし，また，研究管理部門が台帳をつくっておいて斡旋の労をとることが望ましいと思われる。

　この場合，特に注意を要することは，その試作品が実現可能性の試験をするためのものであるということを忘れてはならない。その効果を測定する方法を考えて，それができるように設計するということである。すなわち，実験のために設計するということである。それには，実験というものの一般的な注意事項（すなわち，紛らわしい結果にならないようにとか，誤差が邪魔しないようにとか，他の影響が交錯しないようにとか）を十分考慮しておく必要がある。

　また，試作ははじめから失敗のないようにとあまり苦心しすぎるよりは，失敗したらすぐやり直すというように足早に走る方がいきなり飛んでいこうとするよりは確実で早い。

　それには，試作工場を手もとに持っていることが望ましい。さらに自分でやりたくなったら，自分で試作品をつくれるようにしておくことも大切である。この点で，日頃あまり使いもしない試作設備などを持つのは資金の有効利用ではないなどと考えるのは全くの誤りである。むしろ，試作設備を実験室に配備しておいて，中央の工作室などから工具を派遣して，いつでも使えるように整備させるというような管理の仕方の方が望ましい。

　ガラス細工や機械部品のような試作工場も，いちいち設計図面など出さなくてもすぐに着手して，実物合わせで自分がそばについて

いてやってもらえるようになっていることが望ましい。なにぶん，この実現可能性の試験のための"試作"は拙速ということが最も重要なことであるから，自製の実験装置がつくれるということは大変な強みになるのである。

この段階で，測定法の研究などしていたのではとても間に合うものではない。そんなときには誤差は多くても，目的そのものを試作品の試験の尺度にすればよいのである。

以上のようないろいろな修練をよく積んでおくことが発明者の素養である。また，研究管理部門の人たちは，以上のようなことを迅速に的確に処理するために存在するのだと考えていなければならない。面倒な手続きなどを研究者にさせない工夫をしてほしいものである。

4.5 参画競走（競走原理）

開発というものを促進させる一つの方法として"競走原理"を利用することが非常に重要な方針となる。ここでいう競走原理という意味は，単に争うという意味ではなく，"走る"ということである。つまり，争うということは相手をまかしたときにはじめて勝ったことになるが，"走る"方はマラソンと同じで一生懸命走っていたらたまたま先頭を切っていたということである。

こうした競走原理を利用した開発の仕方によって成功した例としては，米国における原子力潜水艦の開発がある。ご存知のように，いつ起こるかも知れない戦争に対処していくために長期間に渡って

使用できる潜水艦を必要としたことから，原子力潜水艦が生まれたのである。

　米国においては，リックオーバー（Lickover）を中心とする6人のチームがその最後まで開発活動に従事した。かれらは，1隻の試作（開発）をゼネラルエレクトロニック（GE）社とウェスティングハウス（WH）社の双方に発注して開発（試作品をつくること）を行わせた。このときの海軍からの仕様書には，艦のパワーとか振動とか安全性に関する諸条件が示されており，それらの目的を満たすものであれば，その形状などについては一向に構わないというものであった。このように GE と WH の両方に同じ条件を与えて，その開発を命じたのである。

　GE ではナトリウム・クーリング（冷却材にナトリウムを使用する）方式，一方，WH では冷たい水を利用する方式を取り入れて開発を進めた。その結果，GE ではシーウルフ，WH ではノーチラスという名前の原子力潜水艦が建造され，この2隻の潜水艦に対して徹底的な試験が施された後，GE（シーウルフ）のナトリウム・クーリング方式には問題があることが判明し，最終的に WH のノーチラス号が採用されたのである。

　この例が示すことは，両社に対して満足すべき同一条件を与え，それを達成する開発活動というものを並行して（パラレルに）行わせることが，いかによい製品をつくり出すかということである。つまり，競走原理というものを新製品の開発を促進していく上で利用することの重要さを物語っている。こうした応用例は，日本では原子力船"むつ"において見受けられる。

　ただ，ここで注意しなければならないのは，同一の仕様書を与え

て，両社に対してパラレルに開発させるだけというのではあまり意味がなく，競走自体を誰か（第三者）がコントロールしていることが大切である．私はこうした競走をコントロールド・コンペティション（controlled competition）と呼んでいる．

この種の競走による外国における成功例は非常に多いが，日本においては，こうした競走によって新製品が開発されたという例は少ない．その主な理由としては三つある．その第一は，発注する側の資金の二重投資に対する恐怖感である．つまり，2社に発注するということは，2倍の資金がかかるということである．第二は，競走をする側の問題である．すなわち，2社で競走するとなれば，日夜別たず苦しまなくてはならない．確かにやりがいはあるが，やはり競走相手がいない方が気が楽であるという理由である．

第三は，最後に第三者はどちらかに決めるために思案しなくてはならない．つまり，せっかくここまで開発活動をやらせておきながら，片方を切らなければならないことは辛いという理由である．こうした理由が絡み合っているために，一般には競走原理を利用することの良さは分かっていながら，なかなか利用されないのである．しかし，こうした競走原理をうまく利用すれば必ず新製品開発は成功するということをいいたい．

ここで，先ほどのコントロールド・コンペティションについて少し触れておきたいのであるが，コントロールドという意味は，競走それ自体が誰か第三者によって"管理された"あるいは"統制された"という意味ではなく，競走させる両者の仲介役として，また，女房役として，それぞれの開発活動がうまくいくように，ときにはお互いの情報を交換できる場をこしらえてやったりというふうにこ

れ努める人がいる競走でなくてはいけないという意味である。すなわち，それぞれが"参画している"という思想がなければならない。

これについて，参考になると思われる実話があるので次に紹介する。

第2次世界大戦時のことだが，日本軍の飛行機がシンガポール上空で撃墜されるということがあった。その後，シンガポールを占領したときそこを調査してみると，米軍はパラボラアンテナと高射砲とを連動させていたのである。

日本では，その当時，電波兵器研究所というところがあり，そこではドプラー効果を応用して飛行機の方向とか速度をキャッチするという方法が研究されていたのである。シンガポール占領後，軍部は日本電気と東芝に対して新たに電波兵器を10台ずつ発注したのである。その開発に際して，日電からは小林さん，東芝からは浜田さんという二人の民間人を陸軍大佐の小林軍治さんが引率してその電波兵器を調査するためにシンガポールに行ったのである。

その当時，軍人といえば"偉い人"であり，まして大佐ともなれば大変に"偉い人"なのである。ところが，この陸軍大佐の行動はとても常識では考えられないことだったのである。宿泊する先々では，自分は安い部屋に泊まり，二人にはりっぱな良い部屋を与えることから始まり，また，二人の仕事には一切口をはさまず，さらに，彼はこの二人が出くわす困難を取り除いてやって，仕事がやりやすいようにしてやることだけに専心したのである。つまり，もっぱら二人の女房役を買って出たのである。

この辺のところが，ほかの人とは一味違う偉いところなのである。すなわち，プロジェクト・リーダーとしての役割を実に見事に演じ

た促進型コントローラーなのである。

　普通，多くのこうしたリーダーは，開発活動そのものにブレーキをかけてしまうものである。メンバーの仕事に対して不必要な口出しをしてしまい，結果的に，そのメンバーの自由を奪ってがんじがらめにしてしまうという誤った行動をとりがちである。

　こうしたコントロールの仕方ではうまくいくはずがない。リーダーたる者，その精神は部下の下僕となってひたすらかれらの仕事がやりやすいようにするためにはどうすればよいかということだけを考えていなければならないのである。そうすることが部下の活動に自由を与えることになり，ひいてはいい仕事ができる環境をつくることになり，開発活動そのものを促進していくことになるのである。そうした意味で，この小林軍治という大佐のとった行動は，まさに促進型のコントローラーとして大いに見習うべきだと思うのである。

4.6　調子に乗せる

　私は現在，分業ということがあまりにも過信されていると思う。何でもかんでも専門家（スペシャリスト）でなくてはいけないということになっているが，この点が誤っていることを指摘したいのである。ここで気をつけてもらいたいのは，分業とか専門といったものを否定しようとしているのではなく，それらを過信しては困るということを言っているのである。

　私は，むしろゼネラリストというものをもっと尊重するようにならなくてはいけないのではないかと考えている。言い換えれば，ゼネラリストを養成するようにならなければいけないのではないかと

いうことである。そのためには，製造現場においてもいわゆる単能工よりも多能工の方が良いと考えられて尊重されていいのではないかと述べた次第である。しかも，狭ければ深い，広ければ浅いという"容積一定論"というものを私は否定しているのである。

　私は"技術は個性である"と考えており，個性は大いに尊重されなければならないということを強調しているが，これはどういうことかといえば，人間には一人一人ばらつきがあり，このばらつきを平均化してしまったらばらつきというものは消えてしまう。言い換えれば，平均的なものを考えるということは"画一論"に通ずるということである。

　一般論として，ものを考えるときには"やはり，人間にはばらつきがあるのが当たり前だ"という前提に立って考えるべきだと思っている。すなわち，自分は"いま，平均値を考えているのだ"とか，"いま，ばらつきの端の方を考えているのだ"というように，自分の考えがどこに位置しているかを知って行動することがすべてにおいて必要だということである。

　例えば，"今どきの若い者は……"という言葉をよく耳にするが，この言葉の意味は"今どきの若い者の平均値をとったら……"ということなのか，あるいは"今どきの若い者の中にはそのばらつきの端の方には変てこな奴がいる。昔はみんな一様に揃っていた。みんないい奴ばかりだったんだ……"ということなのだろうか？

　これと同じことが，分業・専門の問題にもある。つまり，人間にはそれぞれ違いがあるのだからその違いを認めるというように向かっていくのか，そうではなくて平均としてこうなるということを言っているのか，この辺をよほどよく考えていかなくてはならないの

である。

　私がここで"個性尊重"ということを述べているのは，個人のばらつきが大事であるということであり，言い換えれば，いろいろな種類があってもいいのではないかということである．私の考えでいけば，その人の個性は変えられないのであるから，その個性を尊重してやっていこうということになる．

　人間には欠点というものがあり，これはそれを指摘する人の型に画一的に合わせたときに欠点として映るものである．すなわち，自分が持っていないような個性を相手が持っているようなときにそれが欠点として映るのである．逆の言い方をすれば，その人に欠点があったら，その欠点のもとになっている個性を探って見つけ出してやって，それを長所に振り変えるしかないのである．この"振り変える"ということは，組織や，友だちや，チームメンバーなどによってなされるべきであろう．

　"技術においても個性が現れる"と先に述べたが，結局その人の個性の良いところを現せるようにするしか他に打つ手はない．そのためには，その人の欠点，つまり，その人の個性を探り出して，そこがその人の長所だと思わなくては仕方がないのである．

　そこで問題になるのは"変えられるもの"がなくてはならないのであるが，それは"能力"である．一般には"能力は変えられないもの"と思われているが，ここに間違いがある．大体，能力などというものは何キログラムあってというふうに量れるものではない．

　それにもかかわらず，能力主義とかいう言葉があるのはおかしい．こうした言葉は外国から来たものであり，外国人の考え方は"能力はそこにある．それを契約でもって買うのだ"という能力売買主義

なのである。ところが，実際に"能力とは一体何だろう。どうやってはかるものだろう"と聞けば，"そりゃ，実績ではからなくちゃならんだろうなあ"という答が返ってくる。つまり，実績を能力だと考えているのである。

しかし，実際には能力にその人の置かれた環境がかみ合わされてそのときの実績というものが現れてくるものである。その人が能力を発揮し得るような環境に置かれれば，その人の実績は上がる。それがたまたま能力を発揮できないような環境に置かれれば，いくら能力を持っている人であっても全く実績が上がらないということになる。現実には，こうしたことが非常に多く行われている。

そこで，私は"能力というものは変えられる。その人に与える環境次第によっていくらでも変えられる。その人の能力を上げる方法はいくらでもある"と考えるべきだと思っている。このことを十分に良く承知して，その人の能力を十二分に発揮させてやるようにすることの方が大切である。一番悪いのは，"お前はバカじゃ"とか"お前はこういう能力じゃ"と言って決めてかかることである。

以上のことが，ゼネラリストを育てていく上で極めて大切なポイントであり，人間というものは"深くてしかも広い"ということが十分に可能であるということを忘れてはならないのである。

> 個性は変えられぬ！
> 能力は変えられる！
> **能力×環境＝実績**

図 4.10　能力発揮は環境次第

他方，"記憶力"という言葉があるが，これも能力の一つであろうが，これは創造力とか，クリエイティブなものを考える能力とは大体において相反する性質を持っていると思うのである。何でも記憶で片付けようとする人には"応用の才"というものが全くない。

　いま，われわれの開発に必要なものは，まさに"応用の才"であり，クリエイティブなものの考え方である。少なくとも従来のものをいくら記憶してもじゃまにこそなれ，前向きの役には立たない。ほんの知識であっても構わないから，その知識を十二分に活用し得る能力を発揮するようにし向けることが大事になってくる。つまり，一つのことに堪能して一人前になると，今度はその幅を拡げようと思ったとき，非常にスムースにうまくいく。記憶するということになれば，新たに全く別個に記憶しなくてはならないが，もしその人が"応用の才"というものを持っていれば前のもののほとんど全部が役立って，次にまたやれるというふうになっていく。

　そこで，この"応用の才"というものを十分に育てるようにしたいのであるが，そのためには，やっている人自身に対して"分業がいいのだ"とか"専門家がいいのだ"ということをあまり過信させないようにして，むしろゼネラリスト尊重・ゼネラリスト結構・ゼネラリスト育成といった方向に向けていかなければならない。

　以上のことは，人間の能力というものは"容積一定"といったものではなく，ゴム風船のようにズーッとふくれるような性質を持っているということである。容積が一定であるという考え方に立つがゆえに，分業とか専門といったことにかかわることになるのであるが，いくらでもふくらむものであるということになれば，その人はこれもやれる，あれもやれるという，いわゆるゼネラリストになれ

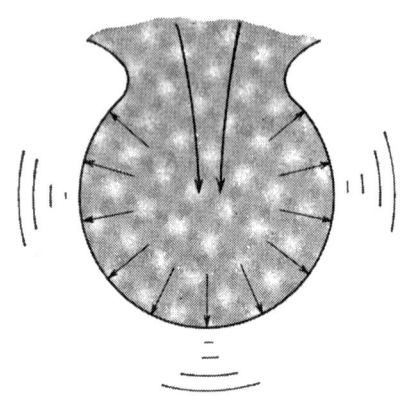

図 4.11　能力はゴム風船である

る。このようなことを私は調子に乗ると言っているのである。

そうなるためには、その人自身の中に"創造的意欲"というものがなくてはならない。つまり、外に向かってかける圧力というものは、すべて自分の力でなければならない。別の言い方をすれば、自

新製品開発のような研究・開発に従事する人の能力というものは非常にはっきりと出てくるものである。なぜかというと、彼らは単に時間に比例するような仕事をしていない。旋盤工は機械の回転する速さとともに仕事をしているわけであるから、その人の能力というものは旋盤そのものの生産能力になってしまう。ところが、研究・開発に従事する人は、いいアイデアが出たり、張り切ってやったりすれば、その能力の出方は桁が違う。

そこで、研究・開発に向く人というのは、そういう意味でフレキシブル（flexible）な個性を持っている人であり、大いに意欲的になり得る人であるといえる。

分の英知からくる止むに止まれぬ欲望が発揮できるようになっていれば，その能力はますます大きくなるということである．

4.7 探検的精神を持って

新製品を本当につくろうとするのなら，"川下型"とか"川上型"とか何々型というような既製のやり方をするようではダメではないかと私は思う．逆に言えば，そのくらいの意気込みがなければ本当の新製品など決して出てこないと思うのである．しかし，現実には，なぜか臆病になって"危ない！ 危ない！"ということでやっている．こんなことでは，いつまでたっても新製品など到底できないであろう．

私が"石橋を叩けば渡れない"（日本生産性本部，1972年）と言っているのは，"知らぬが仏という気持で全く新しいところへ飛び込んで行け"という新製品開発の精神そのもののことであり，さらに，そのときに単にビクビクしないで"案ずるより産むがやすし"という非常に落ち着いた気持ちでやりなさいということを言っているのである．これがまさに探検的精神なのである．

それでは，それがどこから来るかといえば，何かものをやっていくときには必ず"決心をする段階"というものがあり，その決心の結果が不成功にでも終わろうものなら"そら，言わんこっちゃない．決心をする前に徹底的に調査をしていないからそういうことになるんじゃ"などと言われる．しかし，実際問題としてそんなことをしていては，その人は永久にやる決心を起こさないであろう．

ここで，ちょっと考えていただきたい．読者が結婚したとき，果

たして相手をどこまで調査したであろうか。肝心かなめのところはちゃんとやったと言うだろうが，それで十分だったろうか。実際には，何とはなしにその女性を好きだということで結婚したのではないだろうか。この"好きだったんだ"ということは理屈でも何でもないものなのである。

このように，とにかくやるかやらないかということを決心するということは調査などというものによって行われることではなくて，もっともっと多様的で，しかも直感的で非合理的で非論理的なものなのである。これが"石橋を叩けば渡れない"という考えが発生したそもそもの理由である。

私は"やる"という決心をした以上，いかにして"失敗を減らすか"ということを一生懸命に考えている。したがって，ちゃんとした準備も徹底的にやらなくてはならないし，そのためには綿密な計画も立てなくてはならないし，しかも徹底した調査もやらなくてはならないという宿命にあるということを知っているのである。

決心する前に行う調査と後にある調査とは全く違うのである。決心する前に行う調査は"……だからおやめになったらどうです"という言葉がついてくるが，決心した後で行う調査は"……だからやらない"とは言えないのであり，いかにすれば失敗を減らせるかということに専心する調査でなくてはならない。

決心をしたのちのプロセス（調査→計画→準備）は，いくらやってもやりすぎることはないが，これらはすべてロジック（logic）である。論理的にやるべきものなのである。言い換えると，ああだからこうだ，こうだからああだというように"考えてやること"なのである。しかし，いわゆる論理的な道をいかに一生懸命にやって

もそれには自ら限度がある。いかに完全にやっているからといっても，完全ということは決してあり得ない。なぜなら，この道で考えていることは，すべて"思いもよっていること"だけである。世の中には思いもよらないことがたくさんあって，そうしたものが出て来たときに失敗するのである。確かに，十分な調査・計画・準備をすれば，その"思いもよらないこと"を少しは減らすことはできるだろう。しかし，それをゼロにはできない。だから，不完全なのである。

　私が"石橋を叩けば渡れない"と言うと，人は"そんなむちゃなことを！"という。"大体，西堀なんていうヒマラヤとか南極とかへ行くようなやんちゃ坊主を一番慎重を要する原子力の開発という方面に連れて来ている奴は一体誰だ！"と叫んだのは某左翼代議士である。すると，そのときの理事長である石川一郎氏は，"私でございます。西堀という男は我国で一番慎重な人間でございます。だからこそ，彼を南極に行かせたのでございます。ちゃんと任務を全うして帰って参りました。彼こそ我国で最も慎重な男でございます。ただ，あの男には，だからやりません，という言葉がないだけのことです"と言ったのである。

　同じ人間，つまり，私という一人の人間をつかまえて，片方では，"あのやんちゃ坊主を慎重を要する仕事に就けたのは誰だ"と言う人と"わが国で最も慎重な男でございます"と言う人がいるとは，よくもこんなに違うものだと当時の私は思ったものである。これほどに違うのは一体どこが原因で違ってくるのかというなら，それは"西堀という男"自身にあるのである。

```
┌ ─ ─ ─ ─ ─ ─ ─ ─ ─ ─ ─ ─ ─ ─ ─ ─ ─ ─ ─ ─ ─ ─ ─ ┐
   非論理的・直観的なもの
   執 念 → 体 得 → 覚 悟 → 平常心 → 臨機応変
                                        │
                                        ▼
   決 心 → 調 査 → 計 画 → 準 備 → 成 功
   論理的・考えてやるもの
└ ─ ─ ─ ─ ─ ─ ─ ─ ─ ─ ─ ─ ─ ─ ─ ─ ─ ─ ─ ─ ─ ─ ─ ┘
```

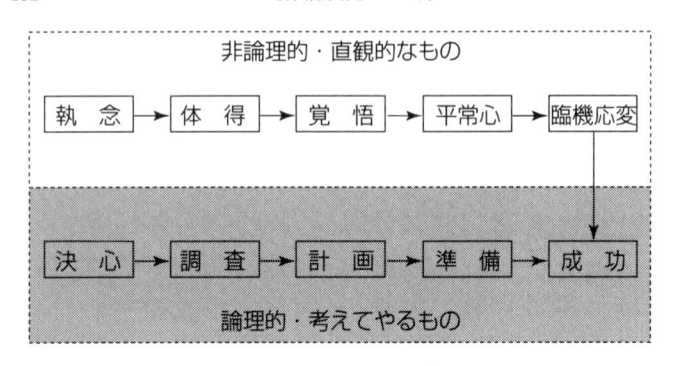

図 4.12　成功への道

　もし，"思いもよらないこと"が現れたらどうするのかというと，残念ながら"臨機応変の処置"を講じなければならないということになる。予知することができれば論理的に考えられるが，予知できないことが現れるということは全く予知することができない。そこで，何かが起こるということを一早く感知してそれに対する手を即座に打つ以外に良い手だてはないということになる。

　全く予知できない思いもよらないことが起こったときにあわてふためくことが一番良くないことである。そこで，この"臨機応変の処置"を最も的確に行うためには，非常に直観的な速さというものが必要になる。ここではロジックで考えているヒマはなく，非論理的・直観的なものである。

　したがって，"臨機応変"を促進するためには心の持ち方が非常に大事になってくる。"平常心"を持たなければあわてふためくことになる。澄みきった心の状態で何が起こっても動揺しないという淡々とした気持でいなくてはならない。そして，そういう気持ちを起こさせる方法の一つとして"覚悟すること"が必要になってくる。

4.7 探検的精神を持って

つまり、思いもよらないことが起こるということを覚悟しておくことであり、言い換えれば、自分のやった調査・計画・準備が不完全であるということを覚悟しなくてはならない。

　論理的な方は言葉で表すことができる。したがって、これは教えることができ、自分で勉強しさせすればできる。

　非論理的な方は、直観的なもの・感じるもの・勘じるものであるから、とても言葉に表して言えるものではない。ふとそう思ったとか、ふと感じたものといった類のものである。これは教えることができない。そこで、その人にそういう能力を育てる以外に方法はない。しかも、そうした能力は"体得"する以外にない。また、そうするためには、これをプッシュする力、つまり"執念"がなければならない。

　こうして見ると、非論理的な方はどうしても時間がかかる。ここで老練という言葉が出て来る。年寄りがいい —— ということになる。この修練をだんだん積むとどうなるかというと、失敗や異常が起こり始める前にそれを感じるようになる。いわゆる"予感"がするというふうになる。ここまでいけば非常にいいわけである。"こりゃ、ええぞ"とか"こりゃ、失敗するぞ"ということがピーンピーンと分かってくるようになる。これを別の言い方で"虫の知らせ"と言っている。

　したがって、読者はこの非論理的な道を徹底的に探求することが必要であり、しかも、これは何回も何回もやって修業を積まなくてはならない。

　部下を育てるということは、まずその人に"チャンス"を与えることである。部下に何か贈り物をしたいというのであれば、その人

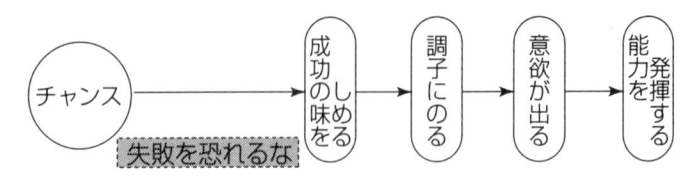

```
チャンス → 成功のしめ味をる → 調子にのる → 意欲が出る → 能力を発揮する
         失敗を恐れるな
```

図 4.13 部下の育て方

にチャンスを与えることが一番良い。

このチャンスとは，もちろん"やってみるチャンス"のことであり，それによって"成功の味"を味わわせることである。この味を一度しめさせると，"よし，もっとやってやろう"というポジティブ・フィードバック（positive feedback）が働いて"調子"に乗ってエスカレートする。すると，その人の"意欲"は非常に高まり，"能力"がどんどん増大していくことになる。

ところが，こうしたことを実際にはなかなかやらないのである。なぜなら"失敗"ということがあるからなのである。失敗されると困る，だからチャンスを与えないということである。これでは，その人の能力は育たないことになる。失敗を恐れさせてはいけないし，また自分も失敗を恐れてはいけない。失敗の責任はおれがとってやるとか，おれに任せておけとか言わなければならない。いわゆる大物といわれる人がその責任を引き受けるということにならなくてはならない。

"川上型"と"川下型"という言葉は,そもそも茅野氏が言い出した言葉である。

"川上型"の意味は,ここに一つの技術,つまり,源に近いところの能力というものがある。その能力を発揮して新製品を考え出すやり方で,"川下型"というのは,販売(市場)の立場から新製品を考えていくというやり方である。

この考え方は非常に面白い考え方だと思う。つまり,"川下型"というのは新しい技術を自分たちで開発して自分たちの販売ルートにうまく乗るような品物を考える。そうすれば,モノをつくってもうまくさばけるようになる。一方,"川上型"というのは,自分のところにはこういう技術があり,これを少しモデファイ(modify)すれば,こういうものをつくれるということで新製品をつくろうとしたとき,不幸にしてこの新製品の販売ルートと既存の販売ルートが全然違う場合には,新たな販売ルートを開拓しなくてはならなくなる。

私は,この二つのやり方のどちらが良いかということは決して言えないと考えている。つまり,どちらも良いと考えているのであり,それは会社のキャラクター(character)や製品の種類,技術能力,市場によって画一的にきめられるものではない。

ただ,特色を強いて言うならば,やはり,"川下型"の方が楽である。技術の源が共通である方が社内的には一見楽なように見えるが,実際にやってみると全く新しく販売ルートを求めていくということは大変難しいことである。

新製品開発(研究・開発)のテーマを選ぶとき問題になることだ

が，いわゆる"川下型"，つまり，使う人・買う人の要求が非常に強い場合には成功率が高いといえる。これはいわゆるエジソン式に近い。逆に"川上型"になれば，今度は使う人・買う人を探して来なくてはならない。したがって，これはいわゆるラングミヤー式に近い。そのかわり，成功すれば大きい成果が得られるという特色がある。

4.8 勇気を持って

"勇気は自信に先行する"のである。自信がないから勇気が出ないなどというものではない。勇気が出れば自信がついてくるものである。いわゆる大物（たち）が"心配するな，うまく行かなかったらおれ（たち）が責任をとってやるから心配しないでやれ"と言ってくれるので，勇気が出て一生懸命やるということになるのである。

"おれが責任をとってやる！"と言える人は少ない。しかし，そうした人がいなくてはならない。会社の中で，誰かが"こんな新製品をつくったらどうでしょう"と言ったときにも，やはりその背後に"心配するな，やってみろ"と言ってくれる人がいなければならない。

現実に失敗したのではかなわないのは当り前のことである。そこで失敗をしないように，まず大きな問題（テーマ）をいきなり与えないことである。ちょうどいい具合の大きさに細切れにして与えることが必要である。うまくいったら徐々に大きくしていけば良い。

そうすれば，そこに人間の幅がだんだんとできていくのである。

　私は分業はイカン，専門はイカン，結局"幅役"にならなくてはイカンということを述べてきたが，一つにはいま言ったように適切な大きさのテーマを与えて，その次にはもう少し大きくするというようにして，だんだんと幅を広げていくことが大切である。

　そして，もう一つ大事なことは，その大小にかかわらず，その人にテーマを与えたからといって，それに無関心でいてはいけないということである。常に陰ながら見守って一挙手一投足を見てやらなくてはならない。この"陰ながら"ということが大事である。その人の主体性，自主性を奪わないようにという意味である。そして，"あっ，いま必要だ"というときには強い助言を与えなくてはならない。これをやらなければ，放任していると言われても仕方がない。"放任は罪悪"である。

　例えば，テーマを与える。そのときに"報告に来い"などと言うのはヘタなやり方である。そうではなくて"お前に任せたのだから思う存分やれよ。失敗したらおれが責任をとってやるから"と言ってその人に任せるのである。が，それだけではなく，ふらりと研究室に行って"どうや？"と声をかけてみる。すると，"やってまっせ"となる。つまり，こちらから見に出かけなくてはならないのである。しかも，それを始めから批判しようという態度ではダメなのである。軽く"どうや？"と言うことが必要である。相手は"お陰さんで，うまいこといってます"と言うかも知れない。そうしたら，"どんなにうまいこといっているのかなあ"，"そりゃ，ええなあ"というやり方で，絶えずその調子で3日に1度でも，あるいは4日に1度でも肩をたたきに行くことが必要である。

これは監視をしに行ったり、管理をしに行っているのではないということを忘れてはならない。"こりゃあ、あんまり良くないなあ"と思うことがあったら、"どうや、こうしてみては"といった助言を与えることが必要になってくる。こうした態度というのが非常に大切であり、かつ基本的なことであると考えている。

　同じようにもう一つ大事なことは、昔土光さんの所にいた研究所長の話であるが、鉄（Fe）と窒素（N）をちょうど良い程度に入れると非常に質の良い鉄ができる。日本の造船界がグッと伸びた第一の原因は良い鉄を安くつくったということであった。それは窒素のコントロールに成功したお陰であるが、それをやった石川島播磨重工の研究所長の態度はどうだったかというと、研究が一応終ったと研究者がその報告に来たときに必ずウイスキーを一杯飲ませるのである。報告の内容の程度が良ければ良いほど上等のウイスキーを飲ませるのである。

　これは、評価がウイスキーの格によってきまってくるということであり、その基準をどこできめるかといえば、研究の成果ではなくて、所長のところへ持っていくまでの研究のプロセスの間でどのくらいクリエイティブなものを入れたかどうかということである。つまり、創造性の入った程度をもって評価することにしていたのである。

　以上の話は人から聞いた話であるが、私が言わんとしていることはへたな評価はしない方がよいということである。いまの所長の話は報告に関する評価の話であるが、日ごろは"おい、どうや"と言いながらニコニコやればいいのであって、決して評価など考える必要はないのである。また、そんなに簡単にできるものではない。

その結果を生かせば，その研究は役に立つ研究であり，生かさなければ，その研究は役に立たない研究であるわけだから，役に立たせるか，立たせないかということは，ご当人ではなく他の"育てる心のある人"がそれをちゃんと育てたか育てなかったかできまるのである。

いろいろな流儀によって評価方法は違うが，どういう評価方法が最もよいか，それをどう育ててどう生かすのがよいかということを自分で十分勉強していただきたい。自分で勉強して初めて評価の意味が分かるのである。

5
私の新製品開発

5.1 考えさせるということは

先に述べたようにどこの会社にも提案制度というものがあって，たくさんの大小とり混ぜの提案——着想というか思いつきというか——があるはずである．新製品の種は，実はそうした提案の中にたくさんあるはずなのだが，その取り扱い方が悪いためにせっかくの種がみんな死んでしまっている．

そういう着想を提案評価委員会などというものを設けて，課長や部長が集まって評定して，"この提案はええなあ，こりゃあまり良うないなあ"などと言ってお互いに批判している．そして，その提案に優劣をつけて，一等賞には何万円，二等賞には何々をやるという主義でもって，その提案評価委員会で一等，二等をきめようというやり方である．こうしたやり方は外国の以前の制度であって，別のいい方をすれば，褒美（ほうび）で提案を釣ろうとしているのである．

外国では，大体，労働者（現場の作業員）は，そういう知恵を出したり，ものを考えたりするということは自分たちのなすべき任務ではないという前提から出発している．任務にないことをすればその分は金で償ってもらわなくてはならないという考え方である．労働契約の中にはそのようなものは入っていない，それは契約外のことである，だから金をくれということになる．

私がアメリカのRCAの研究所に行ったとき，工場の中をいろいろと見学させてもらったことがある．見学から帰ってきたとき，そ

この秘書が私に"ここにサインをして下さい"と言ってサインを求めてきた。"一体，こりゃ何ですねん"と尋ねたら，"これは，あなたを案内した案内料です。自分の給料の中にはあなたを案内するということは入っていない。私はあなたを案内したのだから，それはエクストラなのであり，だから，エクストラ・サラリーを出してもらうのは当り前である。あなたがここにサインをして下されば，直ちにそれがもらえる"と案内してくれた人が私に言ったのである。私がサインをすることによって，その金が引き出されることになるのである。

　外国では，このような考え方がすべてであるから，作業員とか普通の人が新製品を考えたり提案をするなどということはない。逆の言い方をすれば，ある一つの決められたもの"おまえはそういう新製品を開発するんだぞ"，"提案するんだぞ"という契約になっている人だけがそれを行い，その代わりその人がいくらいい提案をしても，何も褒美をやらない，やるべきことをやっただけなのだからという考え方なのである。

　しかし，日本では労働契約ではなく，むしろその人が会社の一員になっているということ，そしてそれに対する俸給（生活費），つまり，その人が生きている以上必要であろうと思われるものを提供するという考え方である。そこに年功序列的な問題も自ら発生するわけで，年がいけば金もたくさんかかるということで考えられている。こういう意味で，ものの考え方が外国と日本では非常に違うのである。

　実際にものを考え，提案している人の本当の喜びがどこにあるかといえば，それはやはり自分の提案したことが取り上げられて，そ

れが実行に移され，それによって会社の利益が上がり，みんなが喜んでくれるような結果になることがうれしいのである。もちろん，それに褒美がついてくれば，なおうれしいだろうが，どっちが主体かといえば，やっぱり自分の提案したことがちゃんとみんなに喜んでもらえたというところに人間の本当の幸せとか喜びがあると思う。それにもかかわらず，ただその人に一等，二等を与えるということは良いものが捨てられ，悪いものが取り上げられている危険がある。

着想という段階では，まだ生まれたての赤子である。その生まれたての赤子，場合によっては，お腹の中にいる子ども（図4.3では"受胎"となっている）をいきなり評価しようとしてもできるわけがない。生まれてくる子供を"総理大臣になるだろうか，乞食になるだろうか"などと，部長や課長が集まって評価しているようなものである。これは意味のないことである。

そういうこと（評価）をするものだから，完成したときあるいはその提案が取り上げられたときの喜びは，二の次になってしまい，褒美などというものにウエートがあるように提案する人自身も思ってしまうのである。

知恵を出すためには知識がいる。しかし，知恵とか着想とかいうものは知識だけでは出てくるものではない。これまでの話では要求という言葉にしているが，ここでは切迫感という言葉に変えてもらいたい。つまり，強い要求は切迫感につながる。これは，切迫感は強い要求につながるという意味と同じである。この両方があって，知識や着想が出てくる，あるいは知恵が出てくる。したがって，切迫感とか強い要求がなかったら"知識はあれど知恵はなし"という

ことになるのである。

　そこで，外国ではどうしているかというと，この切迫感というものを促進するために，切迫感のところへ生活苦というものを持ってくる。"知恵を出さなければ，お前は食っていかれんぞ"という意味である。あるいは，提案制度をつくって"お前が提案しなかったら，お前の生活は苦しいぞ"と，逆に"もっと金がほしかったら，せいぜい精を出せよ"というような方法でもって提案を促進しようとしているのである。こういうやり方は，一見非常に奨励しているように見えるが，私に言わせれば，そんなことで促進されるような知恵とか知識とかでは，どうせロクなものはできないであろう。

　プロの良さを，一つには自分の多くの時間をその仕事に割くという意味においていうのであれば，それはそれで良いと思う。しかし，

5.1 考えさせるということは

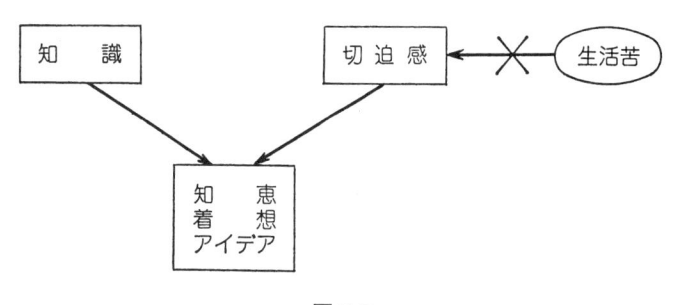

```
[知 識]           [切迫感] ←──✕── (生活苦)
    \             /
     \           /
      ↘         ↙
     ┌──────────┐
     │ 知  恵   │
     │ 着  想   │
     │ アイデア │
     └──────────┘
```

図 5.1

生活に追われてやっているのであれば,その人は楽しくないと思う。仕事というものそれ自身の中に喜びを持って楽しいものとすべきである。苦しさに追われてやるのが仕事であるという概念は実に面白くないものだと私は考えている。仕事とはもっともっと人間性豊かなものである。

南極で越冬中,隊員たちは仕事を非常によくやった。一体,何が彼らをしてそんなに仕事に精を出させたかということが不思議に思えるほどだった。それを分析してみると,隊員たちは身体を動かして働くことだけをもって仕事とは考えていなかった。彼らは仕事というものをもっと人間的要素として考えていたのである。

いわゆる"考える"という人間の特権というか,欲望というか,本能というか,止むに止まれない心の奥底からグーと出てくる一つのものすごい力,私はこれを"創造性"といっているが,人間が人間でありたいと思う心は一体どこにあるかといったら,それは創造性を発揮したいという欲望にあると考えている。

その欲望はどこから来るかというと,人間は猿より毛が 3 本余計にある,つまり,英知を持っているがためにそうなるのである。

"お前は人間でない"と言われるほど苦しいことはない。"お前は仕事の上で'考える'なんて余計なこっちゃ。お前は俺の言う通りに動け"と言われることは最も面白くなく，最も不愉快なことである。

これを前提にして考えると，着想を出すというか，創造性を発揮することは，むしろ人間の本能に従った止むに止まれない欲望と考えて然るべきである。それなのに，生活苦でもって"お前は考えなんだら食えないぞ"という態度でやっていくのは間違っていると思う。

英知に支えられて創造性というものが人間にはある。これが一つの欲望である。そして，それから"考える"という行為が出てくる，要求が出てくる，という考え方である。そうすることによって仕事というものは，楽しく，面白く，愉快になってくる。

ところが，逆に"お前ら，そんなことを考えなくてもいい"と言ったら，仕事が面白くなくなってくる。そうなると，"嫌なことをするのを仕事というんじゃ"ということになる。もし，"嫌なことをした償いとしてお給料をもろてるんじゃ"となってくると，"それなら，せいぜい嫌な顔をせにゃあかん，そしたら得をする"ということになる。これはおかしな話である。

これが，私のプロ否定論につながるのであるが，プロなどというといかにも良いようだが，それがそうしなければ食えないからプロになっているのだというのは間違っている。人間というものは，止むに止まれない力としてアイデアを出したくて出したくてしょうがないのである。それをいろいろな制度とか集団とかによって，歪ませてしまっているだけなのである。

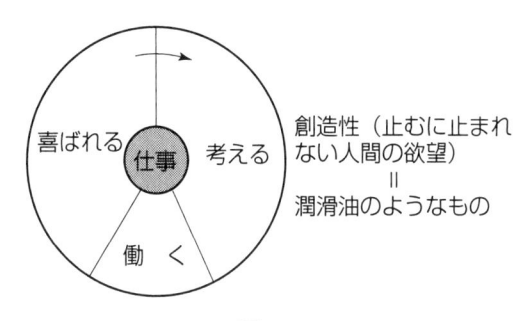

図 5.2 （円の中心に「仕事」、周囲に「喜ばれる」「考える」「働く」、右側に「創造性（止むに止まれない人間の欲望）＝潤滑油のようなもの」）

ここで大事なことは，この"考える"という一つの欲望，つまり，先ほど創造性という欲望は止むに止まれないものだと言ったが，それは潤滑油の値打ちしかない。逆に言えば，これがなかったらギスギスして仕事が面白くなくなってしまうというものであり，やり抜くんだという意味で潤滑油の役目をするものである。エンジンでいえばエンジンそのものを動かすパワーではなく，またモチベーションではないということである。

5.2 不自由さを知らしめれば

私は，仕事の目的は当然ほかから与えるものだと考えている。したがって，これ（目的）は絶対である。しかし，これを達成するための手段・方法はやる人の自由である。ここで自由ということは，決して単に勝手気ままなことをやってもいいということではなくて，むしろ，数多くの制限あるいは制約があって，その下においてのみ自由があるという考えである。

越冬中，私が

"目的は隊長が与える、しかも、それは絶対である。その代わり手段は自由である"

と言ったら、ある隊員が、

"そうすると何ですか？ 隊長は目的のためには手段を選ばれないんですなあ"

"人殺しをしてもええんですなあ"

と聞いた。これに対して私は、

"何を言うのか、お前、自由というものを知らんらしいなあ。制限があってそこにはじめて自由というものがあるんだ。制限なきところには、自由という言葉さえないはずなんだ"

と答えた。

"それでは、その自由とは何です？ その制限とは何です？"

と言うので、私は次のように説明した。

自然現象とか自然法則とか、そういう問題はどんな偉い人でも従わなくてはならない問題であり、これがひいては技術という問題になってくる。

"焼入れ温度を何度にしてもよろしいか、自由ですから何度でもやりまっせ"

と言っても、焼入れ温度には、その背景になっている物理学、機

```
目 的：絶 対
手 段：自 由
        制限（自然現象，物資，人間，流儀）
```

図 5.3

5.2 不自由さを知らしめれば

械学, 材料学などの"学"がついている。"学"というのは, すべて自然現象, 自然法則を表した問題であり, 技術というのは, それをもとにしてできているのだから, 勝手に好きな温度でやるというわけにはいかないのである。

さらに, 今度は物資の問題, つまりどういう材料を使うかという問題がある。南極では, うまいものをいくら食べたいといっても有限である。泣いても笑ってももうこれだけだという制限がある。しかし, どういう料理をつくるかということは自由である。事実, そういうことは, 我々が越冬したときにもあった。我々が持っていった食料品が全部腐ってしまったことがある。

南極でモノが腐るなどとはおかしいと思われるかも知れないが, 実は何も知らなかっただけのことである。私は南極に出かける前にあらかじめ冷凍庫を持っていこうと思っていた。しかし, 冷凍庫というのは大変だからドアと冷凍する機械だけを持っていくことにした。南極にはどうせ氷があるにきまっているから, そこに穴を掘って倉庫をつくって, ドアを取り付けて冷凍のエンジンをかけて冷凍庫にしようと考えたのである。

ところが, 行ってみたら氷はたくさんあるが, それはペタンとした平坦な氷で, しかも, ピッケルでグエンと叩いても割れないようなコンクリートよりも硬い氷であった。簡単に冷凍庫をつくるなんてとんでもない話で, "持ってきたドアも冷凍エンジンも使いものにならんなあ。弱ったなあ"と思っていたら, 天の助けで氷でクラック（割れ目）があり, "ここに冷凍品を入れておこう"ということになった。

越冬を始めて約1か月ほどたった3月初旬のことである。コッ

クさんが，

"隊長！　大変ですよ。食料品がみんな腐ってますよ"

と言ってきた。

"そんなバカなことがあるか。南極はいまどんどん寒くなって冬に近づいているのだから，万物凍っているではないか。腐るなんてそんなバカなことがあるわけがない！"

と返事したが，

"現に臭いです。腐ってます"

と言うので，そこへ行って頭をつっこんでみると，なるほど腐った匂いがする。

あとで考えてみると，そのクラックというのは，陸の氷と海の氷との境目にできるクラックだったのである。海の上にできる氷というのは，潮の干満とともに極めて忠実に上がり下がりしている。ところが，陸の氷はじっとしている。したがって，そこには当然蝶番（ちょうつがい）が必要で，これをタイダル・クラック（tidal crack）とか，ヒンジィ・クラック（hinge crack）というが，1日に2度ずつ上がり下がりしていたのである。

こんなことを知らないものだから，この中に食料品を入れていたのである。食料品はだんだん下がっていって——その氷は海の近くまで続いている氷だから，食料品は海水につかってしまったのである。海の水というのは暖かい。だから，みんな腐ってしまった。分かってみれば，ばかみたいな話である。

ともかく，こういうわけでまともな食料品がすべてなくなってしまった。そこで，その食料品を掘り起こして被害の少ないものだけは食べようということになった。私は隊員を集めて，

5.2 不自由さを知らしめれば

"おい，どうしよう。この残った食料品をどうしよう"
と言うと，
"隊長，もう食べてしまいましょ。うまいものは宵に食えという話がある。早いとこ食べてしまわないとまた腐ることがあるかも知れない"
と言うのである。
"そうしよ，そうしよ"
"そりゃ，ええ。そりゃ，ええ"
ということになって，贅沢三昧みんなで食べてしまった。
例えば，鶏の足，あれなどはとても腐りにくいもので，みんな無事に残っていた。
"よし，じゃこれを！"
ということで，両手に足を持って贅沢な毎日を過ごした。誰かが
"そんな贅沢覚えたら東京に帰って安月給でやって行かれんぞ"
と言ったら
"お前，生きて帰るつもりか"
という返事で終わりになった。こうして食料品はほとんど食べてしまったのである。

あとに残ったものは何かというと，コンビーフとか大和煮のかん詰であり，それらは旅行に行くときのために持ってきた食料品である。そんなものしか残っていなかったのである。

コックさんという専門家は，何か一つ材料がないと料理ができないものと思っている。まして，みんななくなってしまったら，もうお手上げである。そんなときに，隊員の人たちは誰一人として文句を言わない。なぜかというと，私が日頃から

"文句を言ってもしょうがない。もし，何か文句を言いたけりゃ，自分で考えろ"

　と言っていたからである。例えば，

　"毎日，毎日同じものを食わせやがる。また今日もコンビーフか，コンビーフばかり食わせやがって，何かいい知恵はないのか"

　と文句を言うくらいなら，自分で知恵を出したらいいではないかという考え方なのである。そうしたら，いい知恵が出てきたのである。

　"コンビーフのすき焼をしたらどうや"

　というアイデアが出てきた。普通なら，コックさんは

　"そんなもんできますかいな。そんなバカなこと"

　と言うのだが，もうお手上げの状態で何とかしなければならないという切迫感があるから，誰かがこういう知恵を出すと

　"そんなら，やりましょ"

　ということになる。味はどうかというと，粉末の玉ネギをパラパラと入れて，そこに砂糖と正油を入れると，いかにもすき焼のような味がする。

　"こりゃ，いける！"

　と言ったのが運のツキで，それから毎日毎日，コンビーフのすき焼が続いた。

　そうしているうちに，また誰かが

　"何かもっとええ知恵ないのか"

　と言ってもダメ。

　"それよりか，自分で考えなさい。考えないのなら黙っていなさい"

5.2 不自由さを知らしめれば

である。誰かが

"大和煮の中にケチャップ入れてみたらどんな味がするやろ？"

と言うと

"入れてみよや，やってみよや"

となって，ケチャップを入れてみるとハヤシビーフというのがあるが，あれになる。

"おっ，こりゃいけるわ！"

と言ったのが運のツキで，毎日毎日，そのハヤシビーフが続いた。

以上の話は余談になったが，物資の制限があっても何とか料理をする工夫がそこに出てくるはずだということを述べたかったのである。

さらに，人間同士からくる制限がある。これが規則になったり，法規になったり，約束になったりするわけだが，これも制限である。しかし，その中にも自由がある。

もう一つ大事なことは，流儀ということがある。流儀というのは，私が越冬していたときの流儀は西堀流である。これは面白いもので，その次の越冬隊になっても，やはりその西堀流の流儀がちゃんと生きている。この 20 年ずっと昭和基地が続いているが，その間，私が最初にやった流儀がやはり連々とつながっている。そのままではないが，基本的には私のやり方が続いている。

このことは，一つの会社においてもあてはまる。その会社の創始者から始まって，今日まで代々人が変わっていても，やっぱりその会社には，最初の匂い，悪くいえば臭さが連々と残っている。これは否めない事実である。ことに，日本においては非常に大事な要素

である．三菱系，三井系，住友系というように，その系列によってみんなその流儀が違う．それはそれとして認めるべきだと私は思う．これは，派閥の問題にも関係するが，あくまで手段の問題であって，自由のうちの制限の一部分であるだけの問題である．

5.3 自由さを知らしめれば

前述したように，制限条件はいろいろあるが，この制限条件は外から与えられるものと，自分の心でそれを制限と考えるものとがある．

昔，軍隊では法律とか規則とか規律とかしつけとかによって外部から与えることにのみウェートを置いていた場合が多かった．これでは，なかなかうまく行きっこない．

結局，自分の力，自分の判断によってその制限をコントロールする，これを自主的というが，そういう自主管理能力が高まるに応じてだんだん他から与えられるものは少なくなってくる．自分でやることが多くなってくるから，外から与えられる制限は少なくなり，その人の自由の度合がそれだけ増えてくることになる．自由の度合が増えると，はじめて創造性を発揮できるようになってくる．そして，創造性を発揮した分だけ，その人は責任を感じるようになるものである．

よく外国の言葉で"責任と権限"という言葉を使うが，私は"責任と自由度"という言葉を使いたい．この違いは大変大きい．権限とは他から与えられるものである．自由度とは自分の心の中にあるものである．その間に創造性という一つの要素を入れてあることが

5.3 自由さを知らしめれば

非常に意味深長なのである。

その人が責任を重く感ずるがゆえにはじめてその人にやる気，つまり，意欲が出てくる。逆にいえば，意欲を出させようとするなら責任を持たせればよい。そうすれば，その意欲によって自主管理能力というものを高めようとする。意欲をそこに持ってくることができる。それが高まってくると，制限が減る，自由度が増える，創造性が働く，責任が重くなる，意欲が高まるといった一つのポジティブ・フィードバック（positive feedback）が働く。こうしたことが大変大事なのである。

その代わり，目的は絶対である。その目的はどうしてもやってもらわなければ困るのである。しかし，それとても他から強制的にやれというものではない。仕事の結果としてどういうものを期待するかという点では目標も目的も同じだが，私が目標と言わずに目的と言っているのは，"何のために"という言葉がついているからであ

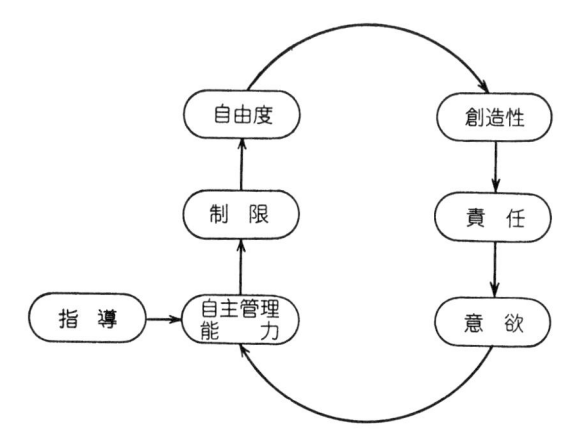

図 5.4　ポジティブ・フィードバック (a)

る。なぜ，"何のために"がついているかというと，目的は絶対というが，ただ単に絶対ではなく"納得した絶対"という意味であり，逆にいうと納得するまで説得して，その人のものにしてしまって，"それをどうしてもこうしてもかなえてもらわな困りまっせ"，その代わり"やり方はあんたの好きなようにやりなさいや"としておくのである。

　好きなようにといっても，前に述べたような制限があるわけだが，他から与える制限は極力減らして，全部それを自主管理能力によってやれるようにしておくことが一番よいわけである。

　先に，技術的な問題というのがあったが，その人が本当に技術というものをしっかり勉強して，すべての技術がちゃんと分かっていれば，焼入れ温度は何度にするということは他から与えられなくても自分で判断しようと思えばできる。これが理想的な姿であるが，そうすぐにはいかないから，この自主管理能力というものは次第に高めることが必要である。また，それに対してその隊長や組織が助言を与えることが最も人間らしい姿で，これを実行することである。しかし，先にのべたように，これは一つの潤滑油であって，もっと原動力になるエンジンのパワーのようなものが必要になる。

　南極に行く前，私はそれをお金あるいはモノであると思っていた。つまり，私もそれは生活苦であると思っていた。ところが，実際に南極ではお金は何の役にも立たない。モノを買いに行くところがないのである。

　私の隊では，原始的共産主義を採用していたので，越冬基地にある品物はすべて隊のものである。言い換えれば，私有財産を認めていない。しいて私有財産といえば，女房の写真くらいである。他の

ものは全部，共有財産である．だから，働いたからモノをやるといっても，すべてあるのだからどうしようもない．タバコを買うといっても，タバコを買うために一文も出さなくてもいたるところにタバコが置いてある．我々は，タバコをポケットの中に入れて持って歩いてはいけないということにしていた．歩きながら喫いたがるからである．タバコを喫いたかったらそれを置いてある所へいって喫うことにしていたのである．

こんなやり方をとっていたので，モノがモチベーションにはならない．しかし，隊員は非常によく仕事をする．初めは一体何がそうさせているのかと非常に不思議だったが，他の隊員に喜ばれたいという気持，これが非情に強いモチベーションであることを発見した．

1年間便所掃除をするという男が，せっせせっせと便所をきれいにしている．何が彼をしてそんなに一生懸命便所掃除をさせたのかを考えてみると，他の隊員が"便所がきれいになって気持がええな"とささやいているのをその男が聞いたのである．立ち聞きでもしようものなら効果満点である．あくる日からせっせせっせとやっている．

これは何事によらず万事がこうなのである．他の人に喜ばれているということを認識したときにものすごいエネルギーが出てくる．そういう気持がどこから出てくるのかを調べてみると，人間は一人で住んでいない．社会性がある．越冬隊という小さな隊であっても一つの社会である．その社会の中で他の隊員に喜ばれたいという気持――その社会性は，一体どこから出てくるのかといえば，人間には愛情というものがあるからそうなるのである．愛情に支えられて

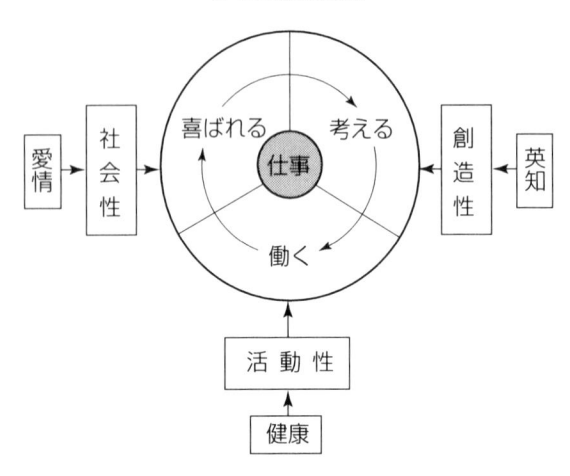

図 5.5　ポジティブ・フィードバック (b)

社会性ができ，そして喜ばれたいという気持が出てくる。

　一般に，家庭という小さな社会であってもその中でこういう問題がちゃんと行われている。あなたの奥さんはあなたに対する愛情を持って，どんなごちそうをつくったら喜んでもらえるかということを一生懸命考えている。もしあなたが喜んだなら，"よし，もっとやったろ"ということになる。ここにポジティブ・フィードバックが働いて，グワーとエスカレートして調子に乗っていくわけである。この回転（⇨図 5.5）と循環（⇨図 5.4）は，両方ともポジティブ・フィードバックなのである。

　こういうことを頭に描いていくと，人間には活動性というものがあって，"じっとしていろ"と言われたら苦しいのである。"考えるな"と言われたら苦しいのと同じことである。活動性というもののために働く喜びというものを持っているのである。

　もし，あなたの知り合いや部下の中にこうした働く喜びを持たな

い人があるとするならば、気の毒ながらその人は活動性が抑えられている。それは何かというと、健康に支えられて人間は生きているのであるから、その人の健康を一度考え直してもらいたいということになる。

大変、脱線したようだが、私はプロ精神というものを否定しているのである。ただ、先にも述べたように"その問題に時間を長くかける"という点で、プロの値打ちはあると考えている。プロゴルファーであれば朝から晩までゴルフをしている、という意味ではプロといえる。しかし、"これをやらなきゃ食えないんだぞ"と思うようなプロでは困るのであって、その意味でプロ精神はけしからんと考えているのである。

5.4 忍術を使わせるとは

どのようにして切迫感を感じるようにするのが一番よいのかといえば、その人に責任感を持たせて、切迫感を持つように追いやるのが一番理想的である。つまり、責任感の下に手段の自由というものを与え、その背景に目的の絶対性というものを与える。もし、我々が組織や外部からプッシュする場合でも、目的は絶対的なものとし、それを達成する手段には自由度を与えることが必要である。そうすれば、責任感を持たざるを得なくなる。責任感を持たせることで、その人に逃げ口上を一切言わせないようにしておくこと、つまり、逃げ道をすべて閉ざしておくことが必要である。これで、必ず切迫感を持つようになるのである。

先に私は隊員たちに目的の分配を行ったと述べたが、これは隊員

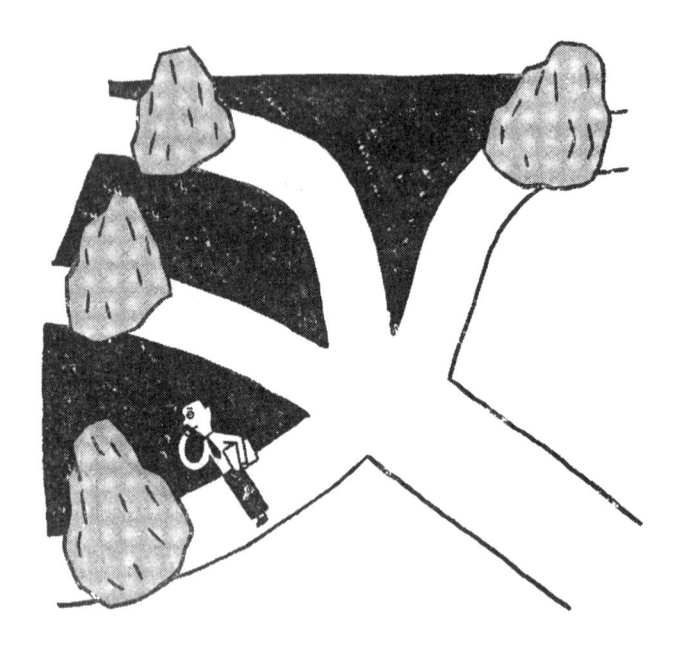

には隊の持っている"共同の目的"というものをはっきりと認識させ，その共同の目的をみんなで果たそうという気持に追いやることである。このことは，隊員に承認してもらわなくてはならない。そのためには，俺たちの越冬の目的は何だったかということから出発しなければならない。その共同の目的を"みんなで"ということは，隊長は隊長らしく，発電係は発電係らしく，それぞれの役割がある。そうした役割を持っている人間が共同の目的に忠誠を誓っている以上，この役割には尊卑はなく，すべて尊いのである。

　共同の目的を分配することが隊長の仕事である。"これはあんたがやってくれ"，"あれはあんたがやってくれ"という具合に目的を分配する。その会社の中の大目的をいろいろな形にして，次の組織，

5.4 忍術を使わせるとは

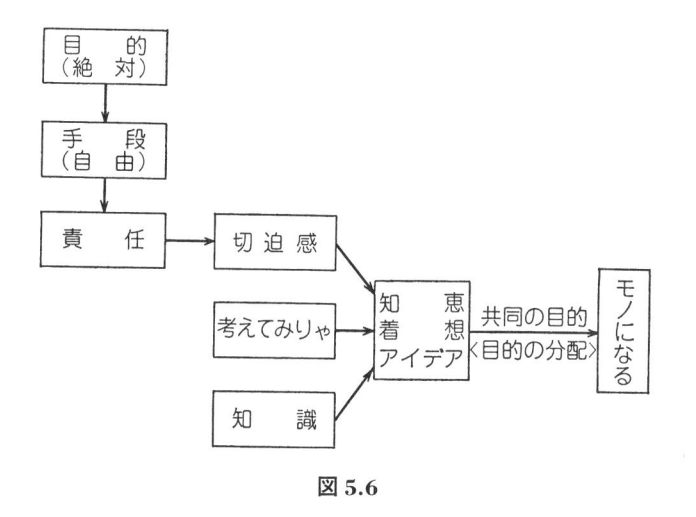

```
目　的
(絶対)
  ↓
手　段
(自由)
  ↓
責　任 → 切迫感 ┐
                ├→ 知恵 着想 アイデア ─ 共同の目的 ─→ モノになる
考えてみりゃ ───┤              〈目的の分配〉
                ├
知　識 ─────────┘
```

図 5.6

また次の組織，ある部署に，ある人にと，だんだんと分配していくのが中間管理職の任務である．このように考えてくれば，いま述べたことがそれぞれの会社の中にもそっくりそのままあてはまることになる．

こうして，与えられた目的を隊員たちが遂行するわけであるから，隊長たるもの"しっかりやってくれよ"と言うことになる．私の隊の中に発電係がいて，"あなたの役割は電気を起こすことですよ"と私は言った．もちろん，他の役割が一つもないというわけではないが，逆にいえば"電気を起こすのはあんたの役割でっせ！"としたのである．どんな理由があっても電気を起こしてもらわなくてはならないということである．その代わり，どんな方法でも構わない．忍術で"エイ！"といって電気を起こしても別に差し支えない．手段は自由である．

それを隊長が，いらないおせっかいをしてはいけない．過保護で

もって"電気というものは忍術では起こせんものなり。発電機を使え。発電機は石油がないと動かんぞよ。石油は重たいから一人で運ばれんから誰かに手伝ってもろて，発電機の中へ石油を入れて電気を起こせよ"などと余計なことをいう必要はない。こんなことを言っていたら，"今日は誰も手伝ってくれんから，電気を起こせません"となって，責任をすべて隊長に転嫁してしまうことになる。

だから，私は隊員に"忍術でもええで"と言ったのである。そうすれば，その係が自分で発電機を探して来て，"この発電機で起こしたら"と思い，"発電機は燃料がないと動かん"と考えて，"幸い，ここに石油がある。ほなら，石油を使おうか"となる。仮に石油がなかったとしたら，"でも，電気を起こさんならん，発電機はここにある。どうしよう？"と思う。"何か燃料はないか"ということになり，"燃料というものは有機物"である。有機物は油である。"ほんなら，アザラシの油はどんなもんやろ"ということになってくる。

事実，アザラシの油でディーゼルエンジンは動いたのである。ともかく自分で考えるからアザラシの油ということまで考えられるのである。"隊長は石油を使えとおっしゃってましたね。石油はもうないので電気を起こせんようになりました"とは言わせないのである。

また，自分で石油を持ってみたら"えらい重たい。こりゃ誰かに手伝ってもらわんとあかん"と自分で考える。相手に言われたのと違うから，"他人に手助けしてもらおうと思ったら普段サービスしとかなんだらあかんなあ"と自分で考える。そこまで考えなければならないはずである。例えば，一緒に風呂に入ったときに相手の背

5.4 忍術を使わせるとは

中を流してやって,"今度,たのんまっせ"と言ったりする.自分一人で考えていればこそ,そこまでいろいろなことを考えることができる.それを,隊長が"もし,重かったら誰かに手伝ってもらえよ"と言っていたら,"今日は誰も手伝ってくれないから,隊長電気を起こせません"となって,一向に先に進まないことになってしまうのである.

さて,彼はそのようにサービスにこれ努めているものだから,みんなの助けを得られて石油はちゃんとエンジンに入っており,今のところは切実な切迫感はない.ところで,この切迫感というものは未来の切迫感であることが望ましい.創造性とか知恵とかの必要性は,全部これ未来の問題である.いまは近くにある石油を使っているから別にどうということはないが,近くにある石油を使い切ってしまうと,これからは遠くにある石油を運ばなくてはならなくなる.寒さが日に日に強くなる.日照時間がだんだん短くなる."このくらいのサービスでどうにかみんなにやってもらっているものを,あ

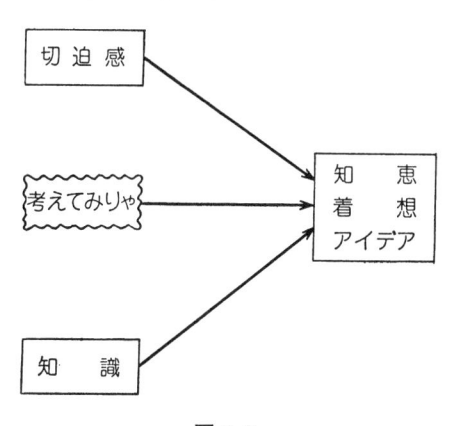

図 5.7

んなに遠い所から運ばなくてはならんということになったら，こりゃ，えらいことになるなあ"という切迫感が出てくる。

　ここで，この発電係は切迫感が湧いてきたのである。彼は知識をあり余るほど持っている。常識をたくさん持っている。知識に不足はない。切迫感さえできはじめたら，自動的に知恵が出てくると思うだろうが，もう一つ足りない。それは，いわゆる"考えてみりゃ"という言葉で表される。

　この"考えてみりゃ"ということは，今まで考えていたような習慣などを一度全部棚上げして，コトの本質というものを考えてみることである。つまり，過去の自分の習慣やそう思っていたことすべてを考え直してみることである。

　例えば，この発電係の場合だと，今まで石油といえばドラム罐で運ぶものとばかり思っていたのだが，"ほしいのは石油である。ドラム罐ではない"これが，コトの本質である。石油が遠いところからスーッとエンジンルームに入ってくれたらそれでいいのであって，何もドラム罐の中に入ってもらう必要はない，と思うことである。ここで，"石油がエンジンルームに入りさえすればいい"と思うことである。これが先ほどから言っている創造性，発想の一つの例である。

　エンジンには石油を使っている。これは常識である。しかし，いよいよ石油がなくなってきたことを想像すると，"今は石油があるからいいようなものの，未来において石油がなくなってくるかも知れん"，"だんだん石油が減ってきた"，"こりゃ，えらいことになってきたぞ！　どないかせにゃならんなあ"といった未来の切迫感を感じるようになってくる。

このとき，"エンジンというものは石油で動かさならんもんやと思とったんやけど，要するにほしいのは石油ではなくて燃料つまりエネルギーの源がほしいのである"と考えると，"アザラシの油でもやってみたらどうや"という考えが生まれてくる。こういう発想はたくさんあるはずである。

こうした発想の仕方は，第4章で述べたエジソン式発想である。つまり，要求が先にあっ知識があとからついてくるエジソン式"恋愛の仕方"というものである。

5.5 育て親は誰に

アイデアとか知識とか提案とかいうものは，それ自体は紙にかいた餅と同じもので何の役にも立たない。それにもかかわらず，着想の段階で"評価"するのはとんでもないことだと先に述べた。発想とかアイデアとか知識とかが役に立つのは，それがモノになって初めて役に立つのである。ところが，問題はアイデアをモノにするまでのプロセスに非情に大事な要素があって，しかも，それが間違っているのである。

アイデアをモノにするためには，"育てる心"がないとダメである。アイデアを育てて初めてモノになるのであるから，その"育てる"ということが必要なのに，着想した人自身とか，発想した人自身が育てられると思っていることが大きな間違いなのである。

一般の人は常識で考えているが，着想した人というのはいままで常識で考えてきたことを"飛躍して考え直さないかん"と考えて創造性を発揮したのである。そんな飛躍した考えをする奴は気違いか

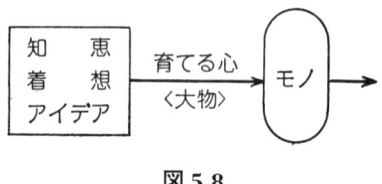

```
┌─────────┐  育てる心   ╭───╮
│ 知恵    │ ─────────→ │モノ│ →
│ 着想    │  〈大物〉    ╰───╯
│ アイデア│
└─────────┘
```

図 5.8

バカか——"石油なしでアザラシの油でエンジンを動かす？ そんな無茶な！"——こういうアイデアを出す人は大バカ者である。100人いれば，その99人はその人ひとりに対して反対する。その人以外はすべて反対するということである。だから，いくらその人ひとりがジタバタしたところで，決してモノにはならない。

ここに，どうしても大物が現れる必要がある。バカと大物がそれをつめるのである。例えば，あの当時南極に行こうという白瀬中尉という人は大バカ者なのであった。飛躍した考えを持っていたのである。だれひとり賛成する人はいなかった。そこに，たまたま大隈重信という大物が現れ，大バカ者と大物とがそろったものだから，あの時代に南極に行くことが実現したのである。

大隈重信という人は，その着想とかアイデアについてどれだけ知識があったかというと，内容については何一つ知らなかったのである。"知らんなあ，仏やな"，案ずるより生むは易しである。大物が現れて，そういう心を起こしさえすればそれでいい。大隈さんは南極のことなど何も知らない。南極と南洋を間違って，"向こうへ行ったら暑いから気をつけろ"，"南洋であれだけ暑いんやから，南極へ行ったらもっと暑いんじゃろ"くらいのことを言ってのける人だったのであろう。

このように知らないくせにそうしたアイデアを育てる心を起こす

ことが大事である。こうした場合には、むしろ、知らぬが仏である。その代わり、直感的に"うん、白瀬という奴はおもろいやっちゃな。あいつがやるんやったらうまいこといくかも知れんなあ"と感（勘）じること（"考える"のではない）が大事である。読者が奥さんを選んだときと同じで、"何や知らんけど好きやなあ"と感じただけで、これは理屈ではない——これでいいのである。

　大隈さんも、そう感じたのである。そして、それがモノになる直前までくるというと、応援者がワーッといっぱい現れてきた。"俺を連れて行ってくれ"、"俺も……"、"俺も……"と、うじゃうじゃ出てきたのである。

　大物はどこまでやらなければならないかというと、モノにしてしまわなくてもいいのである。周りの人がそういう心を起こすところまで持っていけばいいのである。その心を起こす秘訣は何かというと、"そりゃ、いい考えだ"と大きな声で言うことである。そうすれば、もはや自分自身はその中に入らなければならない。自分自身が言った手前、切迫感を感じるのである。そして、育てることが自信につながってくるのである。

　先の発電係が、食堂にいるみんなの前で

　"考えてみりゃ、ほしいのは石油やないか。だから、石油だけがパイプかなんかでスーッとエンジンルームの中に入ってくれたらええがなあ。そうすりゃ、みんなに喜んでもらえるんやけどなあ"

　と言った。彼は当然みんなに喜んでもらえるはずなのに、

　"そんなもんできるか！　パイプなんてもんないのにできるか！"

　と猛反対されて、よってたかってとっちめられようとしているちょうどそのときに、私、西堀隊長が、

"そりゃ，ええ考えじゃ"

と言ったものだから，みんなが一斉にこちらを向いて，

"そんなこと，できますか！"

と私に食ってかかってきたのである。

あなたの部下があることを提案してきたときに，"おお，そりゃええ考えじゃ"と言ったら，きっと周りの人はあなた自身に対して攻撃してくるはずである。

"バカな！ そんなこと言ったってこの基地に，この南極にパイプなんかありませんよ"

"そんなこと分かってるがな。持って来てないんやから。なけりゃないでつくればいいだろ。パイプをつくればいいだろ"

"そんなこと言ったって，ここ南極には何にも材料はありませんで。パイプをつくるような材料は何もありませんよ"

"外へ出てみろ，雪や氷がいっぱいあるじゃないか。雪で氷でパイプをつくりゃええんじゃ"

と言わなければしょうがない。なぜなら，"育てる心"が私の中に起こっていたからである。

"そりゃ，まあ，西堀さんはご器用やから，氷の塊かなんか持ってきて，穴でもあけてパイプぐらいおつくりになるでしょう"

"しかし，せっかくつくった氷のパイプが石油を運んでいる最中にポキンと折れたらどないしましょ"

などと，"できない"ということを言おうと一生懸命になっている。私は

"何も折れるパイプをこしらえろと言うとりゃせんわい。折れない氷のパイプをつくればええじゃろ！"

と言わなければならないことになったわけである。そうすると，みんなが

"フン，折れないパイプなんて，どないしてつくりますねん"

と言う。

こうなると，私はますます切迫感を感じるわけである。折れない氷のパイプをつくれと言ったものの，それをつくるにはどうしたらいいのか私自身も分からないのである。そのうちに類推でもって知識がパッと現れてきた。つまり，

"繊維の入っているものをつくれば折れなくていいぞ"

"この昭和基地の中に繊維がないとは言わせんぞ"

"シャツの古いのでもフンドシでもええから，繊維といわれるものがないとは言わせんぞ"

"何でもいいから繊維の入ったパイプをつくれ"

と言わなければならないことになったのである。

この段階になると，先ほど述べた"モノになる直前"まで来ている。賛成者というか，協力者というか，そういう隊員が必ず現れてくるものである。

たまたま，ある隊員が

"あっ，それなら隊長，うちに包帯が山ほどあるんですがね。ケガをすると思って包帯をたくさん持って来たんですが，誰もケガしてくれないから，たくさん残ってますわ。あれを使ったらどうでしょう"

と言ったから，直ちに提案（着想，アイデア）が出てきたのである。

そこでもって，また，西堀隊長が

"おっ，そりゃええ考えや！"

と言ったものだから，その男はすぐその包帯を持って来た。そして短い真鍮（しんちゅう）のパイプに，包帯を濡らしては巻き，濡らしては巻きして，だんだんと凍らせていった。こうして，繊維の入った氷のパイプが1本できたのである。パイプとパイプの連結は片一方のパイプの端にお湯をかけて，もう一方のパイプの端にズボッとはめれば一丁上がりである。

先ほどまで猛反対していた連中は，これを見て

"うわあ，これは大量生産ですな。しかし，そんな短いパイプであんな遠いところからパイプをつないでやるのは大変ですな"

と，まだ"できない"ということを言おうとしている。私は

"何言ってんだ！"

と，ガシャガシャとつばをつけて（接着剤として）パイプをどんどんつないでいった。外気温はすでにマイナス何十度であるから，そうしてつないだパイプは絶対に折れない。おかけに，氷と石油は絶対に混じらないから，石油は無事にエンジンルームに流れ込むことになったのである。

この氷のパイプの話はいろいろなところで話しているので，かなりポピュラーな話になったが，ここで大事なこと（筋）は，"育てる心を起こす人間は，提案者やアイデアを出した本人ではなく，他の人でなくてはならない"ということである。

これまでの提案制度は，ここ（着想段階）で一等賞とか二等賞とか盛んにきめようとしている。そして，それを権威づけるために，部長とか課長とかが並んでやっている。本当にそれを育てる心を持ったときには，まるっきり話が変わってくるかも知れない。場合に

5.5 育て親は誰に

よっては，それを黒くした方がいい，あるいは白くした方がいいと言ってきたとすると，それの逆をやったり，あるいはそれからヒントを得て"そんなら色をつけた方がええんやな"，"ほんなら，青くしようか"，"赤くしようか"というアイデアが新しく出てきても構わないことになるはずである。

また，そのアイデア自体を評価しようと思うのであれば，いじらないでそっくりそのままにしておかなければならない。他の人の知恵やなんかを入れたりすると，ほめる値打ちがなくなってきたりする可能性もある。だから，そっとしておきたいのである。われわれがほしいものはモノになるものがほしいのであるから，こんなところ（着想段階）で批判しないで，実現可能性試験段階で批判した方がいいのである。

この実現可能性試験と呼ばれるものは，実はこの"育てる心"に関係がある。私の"提案制度"の改善の仕方を言えば，せっかく評価委員会があるんだったら，それはそれで結構だが，そこでやるべき仕事というのは，一等とか二等をきめることではなくて，"誰を育て親にするか"ということをきめるような委員会にしたらいいのである。

"この問題は大分大きな問題やなあ。だから，こいつはどうしても社長あるいは副社長といった大物が育て親にならなあかんなあ"あるいは，"これは単に試作してみたらいいだけの問題かも知れんから，それなら，試作工場の課長に頼んだらよかろう"という具合に，育て親を指名する委員会にすればいいのである。そして，もしそれがうまいこといって，褒美をやりたかったら，その育て親と提案者とを一緒に表彰するのであれば良かろう。実現可能性試験をす

る前に，つまり，着想段階で評価してしまうことはおやめなさいと言っているのである。

　実現可能性試験は，どの程度にやるのかという問題がある。先に述べたような"氷のパイプ"をつくることなどは大変簡単なことである。しかし，"エンジンを石油で動かさずにアザラシの油で動かしてみよう"ということになると話は別である。パイプづくりの場合には，机の上でいろいろ考えれば，なるほどできそうなことが割と簡単に分かる。アザラシの油を利用するとなると，まずはじめに，常温時にどのような状態の油であるかということを調べることから始めなければならない。これは，実現可能性試験の一つの要素である。次に，火をつけてみることが必要である。燃えないようなものであれば，エンジンの材料としてはダメだということになる。

　こうした試験をやって，最後にはエンジンを動かすことになるのであるが，いきなりその油を使ってエンジンを動かしてみるかどうかは問題である。そこで，最初，普通の油の中にアザラシの油を入れて，混じるかどうかを調べてみる。混じるとなれば，その量をだんだん増やしていってみることもできる。

　つまり，実現可能性試験でどの程度にまで調べるかということと，それをどのくらいの深さでやるかという問題が残されるのである。この実現可能性試験には，ピンからキリまである。言い換えれば，どのようにでもやれるということである。

　もし，みんながすぐに納得するようであれば簡単でいいが，原子力のようなものについては，そうはいかない。だが，原子力のような問題であっても，本当のキーポイントというか，ここぞというポイントがあり，そこさえ解決すれば，あとはすべて既存の知識で十

5.5 育て親は誰に

分まかなえる。現在では，コンピュータという便利なものがあり，そこにデータをほうり込みさえすれば，それができるかできないかを知るぐらいのことはすぐ分かる。

このほかに，引張試験をしてみるとか，化学反応が起こるか起こらないかの試験をしてみるとか，いろいろな試験ができるが，こうした試験は自分のところでやらずに，他人のところでやるべきである。例えば，研究指導者と称するような人が自分でどこにキーポイントがあるかを知ってさえいれば，どこそこの大学の何々研究室でこんなことをやっているから，そこにちょっと頼めばすぐ分かるとか，あそこのコンピュータにちょっとデータをほうり込んでもらえればすぐ答が分かるということになる。

したがって，一番のキーポイントがここだということを分かることが第一で，次にそれを満たすためにはどこにあるいは誰に持っていけば分かるかということを知っている人が指導者であることが望ましいのである。

具体的なことをもっと述べなくてはならないと思うが，実現可能性試験の段階がわが国において一番大事な問題だと思うにもかかわらず，ここがいい加減になっているということを指摘するに止めておくことにする。

付図の右下に"評価決定"とあるが，それは"そのときにいきなり実施するのではない"ということを言っているのである。また，次の"開発"という段階では，アイデアを一時凍結しておくことが必要だが，このアイデアとは先ほど述べた"モノになる直前まで持ってきたアイデア"であり，それをいつでも取り出せるようにちゃんと検索できるようにしておくことである。

つまり，何か一つテーマが考えられるとしたら，それに関連のありそうなものを片っ端から選び出してきて，その中から関連のあるもの，つまり，冷凍しているものを引き出してきて，その時点ではあまり評価しないで，だんだんと評価していくというふうにしていただきたいのである．

5.6 不可能はない

これから説明したいのは，"アイデアの絞り方"の問題である．"いろいろなアイデアがダイバージしている段階"，つまり，ここではアイデアがたくさん集まってくるから，数がだんだん増えて幅が広がっていき，"いやまあ，何とたくさんあるなあ"と思われるくらいで，そこへもってきて，さらに既存の事実，知識，材料などが加わるから，新たに出てきたものだけではなく，もう，わんさとあるわけである．

その中から，だんだん絞っていくのであるが，その基本的な絞り方を一口に言えば，情勢の変化あるいは状態によって，だんだん絞っていくことである．

いま，ここでいろいろなアイデアがいっぱいあると仮定すると，それらには"全く不可能である（悪い！ ダメである！）"と決まりきっているものと，"それは必ずよい"というものとがある．これがはっきりと証明されたものならいいが，その中間に"不明"というものがあり，現実には大半のアイデアが不明である．つまり，いいか悪いか分からないアイデアである．

この不明なものをどちらに入れて考えるか，つまり，楽観的

5.6 不可能はない

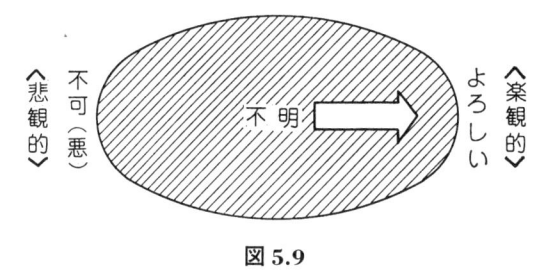

図 5.9

（縦書きラベル：左側外「〈悲観的〉」「不可（悪）」、中央「不明」、右側「よろしい」「〈楽観的〉」）

(optimistic) に考えるか，あるいは悲観的 (pessimistic) に考えるかということは大変な問題になる。不明なものは楽観的な方に入れて考えなくてはならない。悲観的に考えてはいけない。全部，よい方に持っていきなさいということである。

したがって，極端に言えば，その数は減らない。しかし，やっているうちに，"こいつはどうも具合が悪いなあ，だから不可（悪）の方に入れよう"，"この問題は不可やなあ"というふうにだんだんと情勢が分かるに応じて不可が増えてくるかも知れない。もちろん，よいというのも増えるかも知れない。要するに，このように数がだんだん減ってくるという状況を"市場の状況"という言葉で表しているのである。

"市場"と言ったが，これは極言しすぎているのであって，単に市場だけではなく会社の都合もあり，技術的・理論的な問題もある。"大体，そんなことを言ったって，できる材料がいまの世の中にありません。だから，そんなものはできません"ということが明らかになってくるかも知れない。あるいは，市場が絶対に受け付けないというものが出てくるかも知れない。こうして，情勢の変化に応じて，だんだん絞っていくことになる。

このとき，どういう条件で絞っていくかというと，先に述べたよ

うに"絶対にダメだ","絶対に不可能だ"というものについては,見つかり次第落としていかなくてはならない。少しでも可能性が残っている,または,そのときに不明な点があれば,それは楽観的な方に入れておくべきである。したがって,数をむやみやたらに減らそうとばかり思ってはいけないということである。

これは,ちょっと常識とは反対すぎるが,新製品開発の中で一番大事なことだと私は思う。われわれは人情として,他人のアイデアをけなす癖がついていて,どうしても悲観的な方へ持っていこうとする心の動きの方が強いものである。だから,意識的に楽観的な方へ持っていく努力をしなければならないのである。

市場調査

市場調査といわれるものには,

① 市場そのものを知るためのもの

② 販売方法の研究を市場でやろうとするもの

とがある。前者を"市場の調査"といい,後者を"市場での調査"ということができる。

両者はともに市場という人間の集団を対象としているものであるから,物理学や化学でいう実験の場とは異なり,いろいろな変動要因が錯綜して時々刻々変化する場である。そこでは常に確率的な判断以外には何もいえない。ましてや,そこにおける未来の予想をするということは至難の技である。

新製品開発とは,未来に売れて儲かる商品を生み出すことであるから非常に困難なことである。しかも,会社はあえてそれをやらなければならない。何とかして失敗のリスクを少なくするためには,

科学的であれ，理論的であれ，直感的であれ，あらゆる手段を講ずることになる。

　市場を記述的に調査するとき，特に大切なことは，何の作為も持たないで虚心坦懐に色眼鏡をかけることなく，実情を正視することである。特に，初期において何か先入観を持つと，ますますヒズミの多い観察結果となって，いよいよ販売段階に入ってから全く実情に合わなくて，大失敗をきたすことになる。"全くあてにならないのは，市場調査と女心だ"などといわれる原因はそこにある。

　市場調査というとすぐ○×式の調査をすることだと思っている人がある。そんなものは，最後にちょっと使うことのある補助的手段であって，市場の調査ではない。

　市場の調査をするには，まずヒズミのない既存資料による調査から始まる。それには，官庁や公正な機関で出している統計資料を集め，これを解析する。また，社内の統計資料も十分に役立たせる。これらの資料は，むしろ無目的と思われるほどに一般性のあるものであるから，一見，いまの新製品開発には役に立たないかのように見える。

　しかし，いろいろな他の資料と関連を持たせつつ，いまの目的に合うように整理していくと非常に有用なものであり，これこそ営業調査部門のなすべき大きな仕事である。"これらの資料は誰も彼もがみんな見ている資料だから，この中から自社の創造的な方針など出るはずがない"と考えるのは誤りである。生の資料は無数の情報を含んでいるし，他の資料との組合せには無数の組合せがあって，解析のやり方で無数の種類の正しい情報が得られるものである。

解析のやり方には，まずグラフ化することから始め，時系列で書き，さらに基本的には相関法と層別法があるが，その応用の仕方は無数である。しかも大切なことは，市場の動的な変動の状況に着目することであるが，これには品質管理に用いられる各種の解析法が役立つ。

このようにして得られた既存資料による市場の知識は，概ね細部にわたることはできないし，また，自社の特殊目的に十分満足することができないことがある。そのような場合には，次の手を打つことが望ましいと思われる。

それは，市場というものは，机の上や社内でどんなことを考えていても本当のことは分かるものではない。それは足で調査するしか仕方がない。しかも，自分自身の足でやらなければダメである。もちろん，自分一人の足では調査し得る範囲は極めて狭いだろうが，それでも何百人の熱意のない調査員による調査よりも正確である。ただ，自分だけでやる場合，調査の対象となる相手の選択において，何らの"かたより"のないように注意しなければならず，ランダムに行わなければならない。

調査の相手方は小売店であったり，おかみさんだったりするが，ともかく自分自身で面接し，直接話を聞くことである。このとき最も望ましい方法は，結果の予想を一切持つことなく，調査相手から何でもかんでも手当たり次第見たり聞いたりしたことを小さなメモ紙に一項目ずつ記述することである。その紙キレはすぐ何百枚にもなる。これではとても整理がつかないから，要点だけにしようと考えてはならない。"要点だけを"ということは，すでに何らかの先

入観を持っている証拠であって，情報収集中には一切自分の考えを混じえてはならない。ただ，一心に，何ものかを感じとろうとするのである。

　その紙キレが何千枚になろうと，それに簡単な小見出しをつけてから，それを1枚1枚並べていって，互いに関連があると思われるものを小グループにして，さらにその小グループをまとめていくという，いわゆる紙キレ法によって整理，解析していくのである。

　この結果，思いもよらない事実をよく発見するものである。この場合，何か先入観があるとせっかく発見したことがらを何とか理屈をつけて否定してしまうことが多い。実はここが天下の分かれ目になるのである。このようにして発見した事実は必ず追求して真疑のほどを確かめ，それならどうしたらよいかを考える。導入した知識は応用してこそはじめて役に立つのである。

　新製品開発のヒントはこんな点にある。重ねて言うが，市場の調査は数多く広範囲にやることよりも，少なくても狭くてもよいから鋭い観察眼を持って，熱意をこめて足で調査することである。

　このようにして少数で狭い範囲で発見した知識は，調査対象の特殊事情であるかも知れない。もっとその普遍性を証明したいという段階になって初めて，より広い範囲でより多数の調査をする価値が出てくる。その場合の調査員は何も市場の調査に情熱があるわけでもないし，また勝手な私見を加えられても困るので，無作為抽出による〇×式の調査をすることになるのである。

　したがって，この結果に何か新しい事実を発見することを期待するのではなく，あらかじめ疑問に思っている点を確かめるだけのも

のであることを知っておいてほしい。○×式の調査では"どんな新製品を開発したらよいか"に答えてもらえようはずがないのである。あくまで自分の足でする調査が中心である。

　以上のような方法で市場の調査をし，それによって新製品の開発方針を立てる情報は得られるが，さらに客の嗜好はどうかとか，価格はどれくらいならどれほど売れるとか，広告のやり方はどれがよいかとか，競争商品との優劣とかなど，戦略上必要ないろいろな情報を得たいという段階になったら，今度はむしろ"市場での実験"とでもいう段階である。

　この場合には，市場の調査を虚心坦懐にやったのとは反対に，むしろ，ちゃんと結果の予想を立てて，それがある確率の下ではっきり分かるという調査実験をやるのである。このことは，試作品ができて試用・試販のときには品質の問題とともに最も盛んに活用される。これらに対しては，推計学的な実験計画法によらなければ満足な結果は得られない。

　いずれにしても，市場調査というものは単に調査しただけでは何の役にも立たず，それによって何かアクションをするというのでなければならない。それには調査実験をする前に結果を予想し，こういう結果が出たらどうする，ああいう結果が出たらどうするというように，あらかじめアクションをも予想して実験をすべきである。

　そして，推計学的精度も大切だが，それよりも調査内容それ自身の精度の方がはるかに重要である。被試品の選定とか，調査表の文句とか，調査対象とかの計画が適切でないと，結果は何の役にも立たないばかりか，かえって方針を誤るようなことになってしまう。

このように，市場調査というものは，高度の技術なのである。

調査対象として，問屋を用いたり，小売店で行ったりすることも便利だが，結局は最終需要者を調べなければならない。また，調査を成功させる秘訣は，いかに上手に調査対象をあらかじめ層別しておくかということである。

また，本当のことを知るためには，単に一度だけの調査をやる代わりに，時間間隔をおいて継続的に調査して，時間的変動を知るようにすることが大切である。さらに，市場調査というものは，初めは下手でも経験を積んでいって初めて効果的なものができるようになるのであるから，計画的に専門技術者を養成しておくべきであろう。

市場調査というものは，"サンプルサイズの大なるをもって尊し"とは考えない方がよく，むしろ小さくたびたびやることの方が大切である。

フィールドリサーチ

市場調査という問題は，単に市場で調査するという極めて広い意味に考えられているかまたは俗にいう市場調査，例えば調査会社に頼んでアンケートか何かを採って調べたりすることと考えられている。市場調査によって新しいアイデアを得るという考えを持ってはいけない。いわゆる市場調査は二次的な問題であって，やはり市場で研究するんだ，実験するんだという考え方に徹すべきである。つまり，場所が市場というところで実験とか研究をするという考え方である。

これを"フィールドリサーチ（field research）"と呼んでいる。

川喜田氏の言葉で言えば"野外研究"という言葉になると思う。これは"野外を研究する"という意味ではなく，"野外で研究する"という意味である。この考え方は，とりも直さず，"現実"から出発して"理論"に入る（理論を求めてくる）ことになる。そして，その理論を"応用"していろいろな"問題を解決"することである。

　　現実→理論→応用→問題解決

これについて一般的に説明をすれば，まず"現実を知る"ということである。現実を知るために何をするかといえば，俗にいう"観察"と称するものになる。観察とは何かというと，"データ"をとること，そしてそのデータを"読む"ことである。

　　現実→観察→データ→読む

この分かりきったプロセス，ここにいろいろな問題がある。まず，ここにデータがあるとすると，そのデータには二種類のデータがある。その一つは記述的なデータであり，これは言葉で表される。例えば，"○○は△△と結婚して，このたび子供が生まれた"というようなものである。こういうデータは川喜田氏が言っているデータである。

　もう一つは，私の言うデータであり，それは計量的あるいは計数的なデータ，つまり，数字になり得るようなもの，例えば，mm，kg，％などで表されるようなものである。

　データをこのように二つに分けておくと便利である。なぜなら，記述的なデータについては川喜田氏のいう KJ 法が手段・方法として役に立つ。計量的なデータについては，私のやり方では，まず，

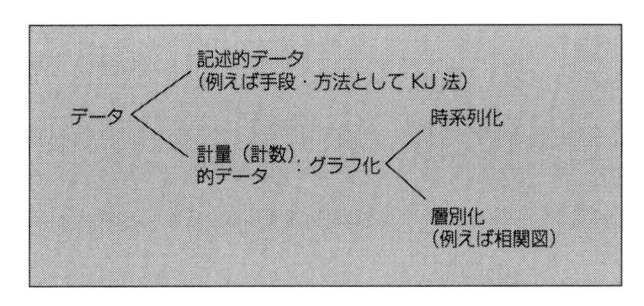

```
データ ─┬─ 記述的データ
        │  (例えば手段・方法としてKJ法)
        │
        └─ 計量(計数)  ・グラフ化 ─┬─ 時系列化
           的データ                  │
                                    └─ 層別化
                                       (例えば相関図)
```

図 5.10

グラフにすることが簡単である。つまり，グラフ化であり，これを大きく分けると時系列と層別であり，これは品質管理及び実験計画法あるいは分散分析などと関連が出てくる。

 実際はこの両方に意味があり，しかもこの両方に共通なものの考え方の場，つまり，心構えというものがある。それは何かというと，観察というところである。ここでは巧まないで本当に素直な忠誠な気持ちで，つまり，虚心坦懐になることが大事である。たいての場合，はじめからある枠，あるパターンをつくってしまい，その枠でものごとを見て ── 色眼鏡で見てしまう。これでは，全然お話にならない。しかし，理論の方から進む場合には，はじめから色眼鏡で見なければならない場合が出てくるものである。

 フィールドリサーチという場合には，実は両方含むのであるが，多くの場合データから出発するものを持って，フィールドリサーチといっている。理論が先にあるか，観察からいくかという二つの流儀があり，しかもそれは記述的と計量的とに分かれるというふうに考えているのである。

そして、いま、私は野外研究ということにおいては、極めて虚心坦懐でなくてはならないということを述べているのである。
　例えば、"脳卒中で死ぬ"という問題があるとすれば、これを理論から進んで行く方法だと、すべて解剖学的に進んでいく。言い換えると、分析的にいく。血液の循環がどうだとか、だからこうだとかいうようにずっと積み重ねていく。こういう分析的なことは、一般にラボラトリー（laboratory）の仕事といわれている。つまり、死体を解剖して顕微鏡をのぞいてという具合にやる方法である。
　もう一つの方法として統計的な方法、例えば、日本という一つの地理的な問題を層別（例えば、県別）してやる方法がある。つまり、脳卒中による死亡率というデータを層別して、秋田県を調べたら、死亡する人が非常に多いことが分かったとする。次に何が考えられるかというと、それに関連のある生活様式の違いがあるのではないかと思える。そうして、調査に出かける。つまり、フィールドリサーチに出かける。
　何か秋田県には他の県にはない特色があってそれが脳卒中の原因かも知れないというので、ずっと調べて歩いたことがある。歩き疲れてへとへとになって、ふと見ると"しょっつる鍋"という看板が出ていた。"こりゃ、鍋やな。食いもんやなあ"ということで入ってみた。虚心坦懐に入ってみたのである。
　そして、しょっつる鍋とやらを食べてみたところ、それが何とものすごく"塩っ辛い"のである。
　"何や、ものすごく辛いなあ"
　と言ったところ、

図 5.11

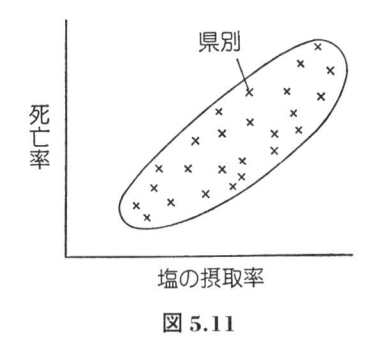

　"そりゃ，そうです。塩の汁の鍋，しょっつる鍋ですから辛いのが当たり前です"

　という返事である。

　"ほう，こんな辛いものを秋田県の人は食べとんのか。それで，ここはようはやっとんのかいな"

　と尋ねたら，

　"ええ，秋田の方はみなさんしょっつる鍋が好きで，よく食べにおいでになります"

　と言う。

　このとき，"はっ！　塩"ということが分かったのである。塩としょっつる鍋，つまり，この辺に脳卒中の原因があるだろうと感じた。そこで，さっそく死亡率と塩の摂取率を各県別にとってみたところ，そこに相関関係が現れた。つまり，塩と脳卒中には明らかに関係があるということが分かったのである。だから，理屈のいかんにかかわらず，とりあえず塩の摂取量を抑えることが脳卒中による死亡を減らすことになる，という言い方をするのが野外研究のやり

方である。

　このやり方は，実は非常に強力なものであり，これと先に述べたラボラトリーでやる理論から出発するやり方を必ず併用して，あるいは，少なくともそういうものを頭の中に持って両方を尊重しながら，自分のいまやっているこのやり方が，全体の研究体制の中のどのポジションに位置づけられているのかということを考えながらやっていかなくてはならない。

　したがって，先にのべた，"不可"に入れるか，"良い"に入れるかを識別するときにもそういう位置づけをしながら，"この問題には，これが一番良い"ということが考えられれば非常にいいのである。つまり，もう一つのやり方を無視してはならないということである。

　アイデアを絞っていく過程では絶えず市場及び会社の環境の変化とでもいうか，そうしたものに照らし合わせながら評価するというやり方を考えていただきたい。

　これは実際には非常に難しいことであるが，頭のよいエリートが一人いて，その人が判断して"こりゃ，いけます"とか"こりゃ，いけません"とかいうことがよくある。こうした直観的判断をどこまで価値づけるかということ自体はヒントとして非常に結構なことであると私は考えており，そうしたものを非常に大事にしている。しかし，それがヒントというだけのものであってはならず，それを虚心坦懐に受け入れて，それに対する裏付けをしなければならない。

問題解決

　最後に，私が品質管理を始めて間もないころ，問題解決法（あるいは問題解決学）というものをやったがその話をしよう。たまたま九州の延岡にある旭化成という，あのベンベルグをつくっている会社へ行ったときのことである。

　ベンベルグとは，硫酸銅アンモニウム〔$Cu(NH_4)_2(SO_4)_2$〕のことで，真っ青な液体で水に溶かせば水溶液ができる。これに綿くずを溶かし込むとドロドロの液体ができて，このアメみたいな液体をノズルから吹き出させて，そこに水をザーッと流すと繊維が糸状になって出てくる。その中間状態では，引っ張ればいくらでも伸びる。そこで，その出てきた糸状の繊維を非常に速いスピードで桛（かせ）に巻き取る。このようにして，綿のくずからつくった細い人絹ができるのであるが，これがベンベルグという糸の製造方法であり，実は日本でこの方法でやっているところは旭化成しかないのである。

　このベンベルグという糸の特色は，とても細いことで，また，そうした人絹ができることが第一の条件なのである。幸い，この旭化成という会社は肥料に使うアンモニアをたくさん製造している関係で，ちょっとそこに硫酸銅を入れれば硫酸銅アンモニウムができ，つまり，費用的に非常にマッチすることもあってベンベルグをつくり始めたのではないかと思う。

　さて，それを製造している工場で講演をしたのであるが，そこで私は"いかなる難問題であっても，私の方法（つまり，野外研究の一つであるところのデータを計量的に，かつ，時系列化するというやり方）で解けます"と言ったのである。

そのとき，ちょうどそこに居合わせた宗像（むなかた）さん（当時，旭化成延岡工場勤務。前原子力研究所理事長）がそれを聞いて，

"あんた，いい加減なことを，むちゃなことをおっしゃる"

"本当にどんな問題にでも大丈夫ですか？"

"もちろん，大丈夫ですよ"

"ベンベルグには硬糸（こわいと）不良というのがあって，これがどういう原因でそうなるのか，この20年間全然分からんのです。非常に困っているんです"

"そりゃ，よろしいなあ。一つその問題をやりましょや！"

"あんた，そんなに簡単に行くもんか。もう20年来そればっかりやっていてもうまいこといきませんのに，そんなうまいこと行くはずがありませんよ"

こうした議論をずいぶん重ねたのであるが，私は

"ともかく，やってみんことにはしょうがないやないですか。理屈ばっかり言ってもしょうがないですなあ。私はこういうやり方でやるということを見せて差し上げます。それは虚心坦懐にデータをとって，そのデータを読むことです"

と言い出したのである。

当時の旭化成では，広い部屋の中で女の人がたくさん並んで，できてきた糸の桛を手で触ってみて，その手触りがごわごわするものは硬糸不良とし，しなしなしていれば良品という具合に選り分けていたのである。そこで私は

"問題に関係のあるデータをとってみなきゃならん"

と言うと
"いま,不良率が多すぎて困っています"
と言うので,
"そんなら,不良率のデータをとってみましょ"
ともちかけた。すると,その宗像さんは
"そんな不良のデータなんてものは役に立ちゃしませんよ。大体,女の子が感情でもって選り分けてることですから"
"あなたはやってみてもいないのにダメだダメだとおっしゃるが,あなたにはいま何もヒントがない。言い方を換えれば,あなたはそんなものダメだというヒントを出していらっしゃるんだから,ダメならダメという裏付けをしてみない限り,私はあなたの言うことを信用しません"
"それでは仕方がない。そりゃ,まあ,あなたのおっしゃるとおりですなあ"
ということで,私のやり方でやってみることになったのである。
まず,私は"毎日とっているデータを数年分持ってきて下さい"とお願いした。その当時はまだ自動車なんてものがない時代である。リヤカーにたくさんのデータを積んで運んでくれた。
さっそく,私はその会社の人たちに"さあ,あんた方,それをグラフにして下さい。横軸に日付けをとって,縦軸にその不良率をとってグラフをつくって下さい"と言って,そのデータをグラフ化させたのである。
すると,一人の男が"大変ですよ!"と言いながらやって来た。私と宗像さんがそこに行ってみると,そこに書かれたグラフには,

日頃の不良率には変化がないが，ある日突然パッと上がって徐々に減少し，また変化がない日が続き，また突然パッと上がって減少するというように，そこには"ある日突然不良率が上がる"ということが現れていた。"ほう，こりゃえらいデータが見つかったなあ"ということになったのである。

つまり，不良率に変化のない日が続いていればどうということもないのだが，ときどきパッと高い不良率になって，そこに"変だなあ"と思われるようなことが起こっている。このように"変だな"と思われるようなグラフがすべてのデータについて出てきたのである。

"不良率がパッと高くなるこの日は，一体何の日です？　こりゃ何かある"

"あっ，それは台風が来た日です。この日も，この日も，この日も……"

"台風が来たら，一体どういうことが起こるんですか？"

"台風の日には女の子も気が立って，不良の方に回してしまったと言えるかもなあ"

と答えるのだが，私はこれに対するもっとよいヒントがほしかったのである。私がほしいヒントは，この不良率のグラフと同じようになるもの，つまり，不良率が高くなったら同じように増えるようなものは何かないかということである。

ある人が，

"ああ，それやったら川の水が台風になったら濁るんやけど，その濁りが効くんと違いますか"

と言った。これで一つのヒントが得られた。そこで私はこのヒントを，ここでいきなり批評しようとしないで，

"そんなら，それを一度調べてみよう"

と言って，さっそく濁りのデータを取り寄せた。

そして，そのデータを先ほどの不良率のグラフの上に重ねて書き込んだ。確かに，台風が来たときには濁りが増える。だが，たった一日立つとその濁りはスーッと消えてしまう。つまり，半減期というものが大変小さい。短いのである。

"なるほど，似たようなカーブになるかも知れませんが，そりゃ違います。あなたのヒントは裏付けができません。不良率と同じようにゆっくりノソノソと下がって行くものが何かあるはずです"
"ノソノソした減少の仕方をする現象を他に考えられませんか？ 検討してみて下さい"

とお願いした。そうすると，いろいろな意見が出たが，その中の一人が

"川の水嵩（かさ），その水位が不良率のグラフと同じようになるんと違いますか"

と言った。大ていの人は，まず理屈を先に考えるものだから，
"そんなこと！ 川の水嵩が増えようが減ろうが川から工場に引いているパイプは太さが一定なんやから，そんなもん関係ないよ"

と問題にしないが，こう言ってしまってはそれでおしまいである。ところが，私はその裏付けというものを知っているのである。つまり，ノーならノーでその裏付け，イエスならイエスでその裏付けが必要であることを知っているのである。

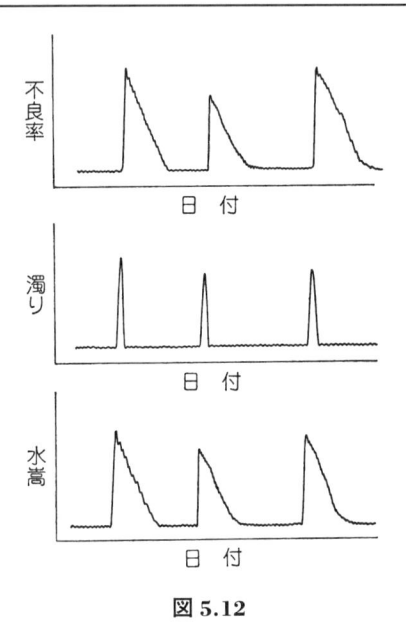

図のグラフ（不良率、濁り、水嵩 対 日付）

図 5.12

そこで、"データをとって下さい"ということになり、幸いにも発電所にそうしたデータがあったので、それを調べてみたところ、不良率の変化と同じ程度に変わっていく。全く不思議なくらいにそのグラフがよく合うのである。

"さあ、どうですか。あなた方はパイプで水を引いているから水嵩は関係がない。常識では考えられないとおっしゃいました。しかし、その水嵩の変化の程度はこの不良率の変化と全く同じようになっとりますよ。さあ、これを説明して下さい"

すると、宗像さんをはじめ若い人たちは、"こりゃ、不思議やなあ、不思議やなあ"と盛んに繰り返す。不思議というのは、その人

が勝手にきめた理屈でもって言っている言葉にすぎない。言い方を換えれば，"変だぞ，変だぞ"ということになってきたのであり，この"変だぞ"というものの中に発見があるのである。

"一つ，徹底的に考えてみよやないか"

"天から降って来るのは，あれは蒸留水。その蒸留水が川の水に入ると不良も増えるんだ"

"となると，川には日頃もともと有効成分が溶けていて天から蒸留水が降ってくるとその有効成分が薄められて不良が増えるんだ，こう考えてみたらどうですか？"

という意見が出てきた。

なるほど，そう言われてみると一応の説明がつく。そこで立証してみようということになった。試験用の機械を使って，まず蒸留水でスタートしたところ，明らかにごわごわの糸，ぶつぶつの素麺みたいな糸が出てきた。

"ああ，これはやっぱり有効成分が効いているに違いない。どうせ川の水に溶けているようなものは，ほんの微量のものに違いない。しかし，そのうちのどれが効いているんだろう？"

ということになって，片っ端から調べてみることになった。

その結果，ケイ酸が効いていたと分かった。これの一番簡単なものは水ガラスである。その水ガラスをほうり込んでみたらどうだろうということで，実際に入れてみると，非常にしなしなの糸ができたのである。こうして，一つのヒントが立証されたわけである。

したがって，その後台風が来ても，その水ガラスをタンクの中にほうり込んでおけば，不良率はもう増えないことになった。しかも，

日頃でも，ちょびちょびと水ガラスを入れていたら硬糸不良が全然出なくなってきた。そこで，もっと細い糸を引いてみようということになり，どんどん細い糸をつくれるようになった。この細い糸がインドのサリー用の糸として大変良いということになり，インドに大量輸出ができるようになったのである。

それだけでなく，それまでは手触りによる検査であったために桛を使わなくてはならなかったのだが，硬糸不良が出なくなったいまとなっては，その必要がなくなったのである。つまり，検査費がなくなる，製造コストが下がるということで，すべてがいいことだらけということになったのである。

こうして，旭化成では"シリカをほうり込む"という特許を獲得したのであるが，この背景には私のいうフィールドリサーチが役立っていたのである。

218　　　　　　　　　　5. 私の新製品開発

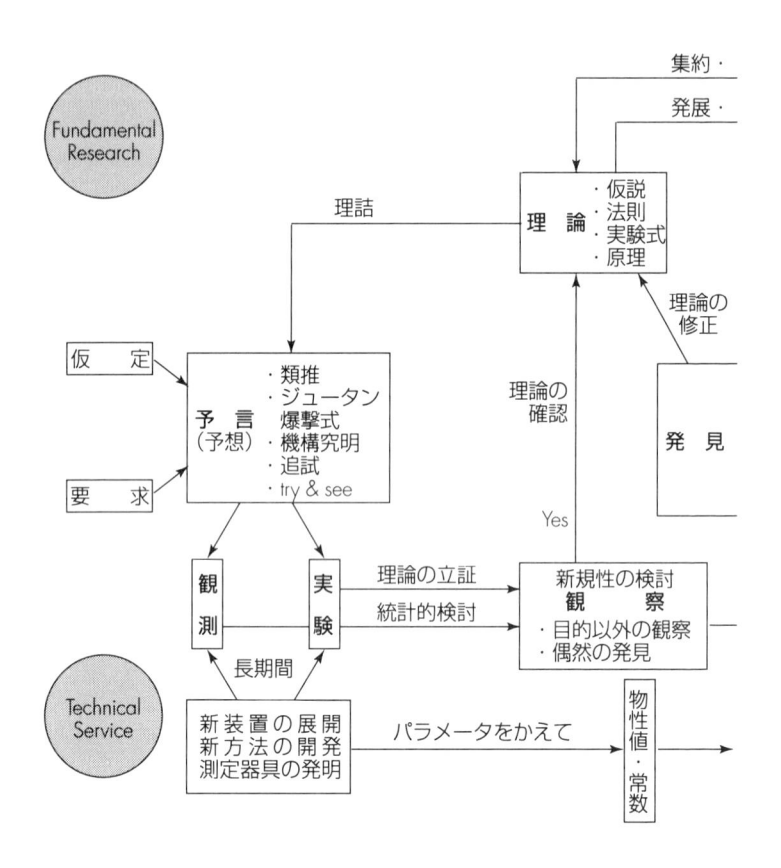

Fundamental Research

仮　定

要　求

予　言
(予想)
・類推
・ジュータン爆撃式
・機構究明
・追試
・try & see

理詰 → 理　論
・仮説
・法則
・実験式
・原理

集約・
発展・

理論の修正

発　見

理論の確認
Yes

観測　実験

理論の立証
統計的検討

新規性の検討
観　察
・目的以外の観察
・偶然の発見

長期間

Technical Service

新装置の展開
新方法の開発
測定器具の発明

パラメータをかえて → 物性値・常数

付図　"研究・

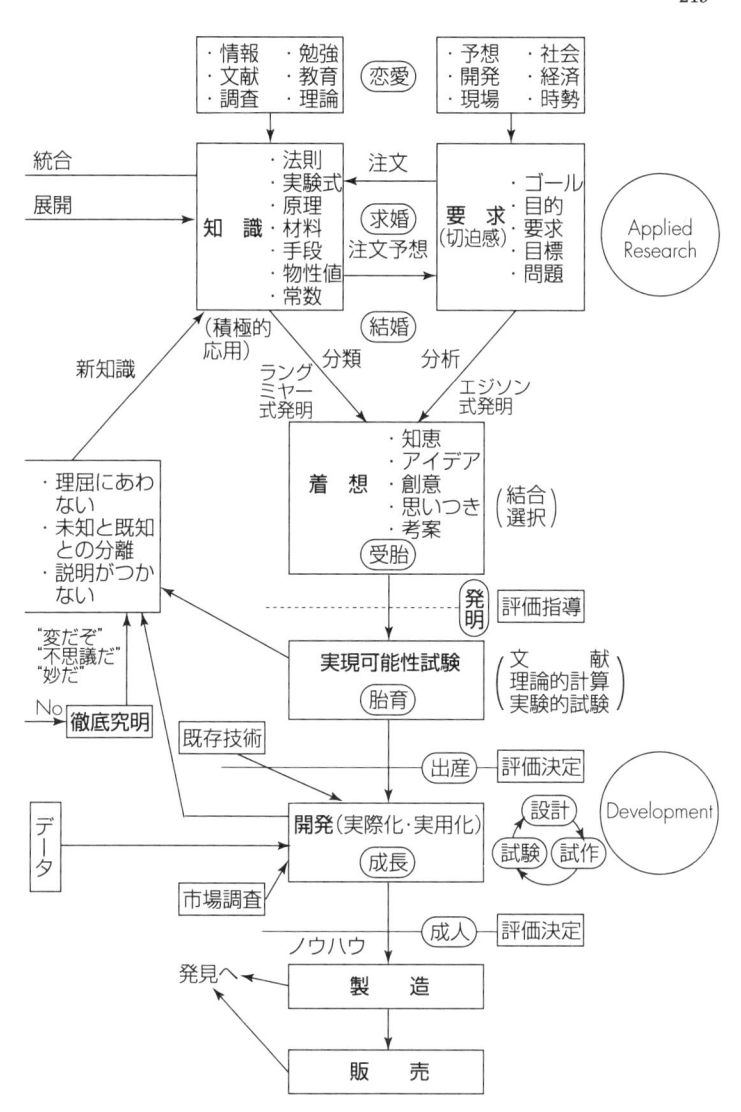

```
                            ・情報  ・勉強         ・予想  ・社会
                            ・文献  ・教育         ・開発  ・経済
                            ・調査  ・理論  (恋愛) ・現場  ・時勢
                                ↓                       ↓
        統合  →      ┌─────────────┐ 注文  ┌─────────────┐
                     │     ・法則   │ ←──  │    ・ゴール │
        展開  →      │     ・実験式 │      │    ・目的   │      ┌──────────┐
                     │     ・原理   │(求婚)│    ・要求   │      │ Applied  │
                     │ 知識 ・材料  │(切迫感)│要求・目標 │      │ Research │
                     │     ・手段   │      │    ・問題   │      └──────────┘
                     │     ・物性値 │ ──→  │             │
                     │     ・常数   │注文予想└───────────┘
                     └─────────────┘
                         (積極的   (結婚)      │
                          応用)      │         │
        新知識              ラング   │分類    │分析  エジソン
         ↑                 ミヤー式  │        │      式発明
         │                  発明    ↓        ↓
        ┌─────────────┐         ┌─────────────┐
        │・理屈にあわ │         │    ・知恵   │
        │  ない       │         │    ・アイデア│
        │・未知と既知 │ ←──    │ 着想・創意  │(結合)
        │  との分離   │         │    ・思いつき│(選択)
        │・説明がつか │         │    ・考案   │
        │  ない       │         │   (受胎)    │
        └─────────────┘         └─────────────┘
         ↑                                │
       "変だぞ"                         (発明) 評価指導
       "不思議だ"                    ─ ─ ─ ┼ ─ ─ ─
       "妙だ"                              ↓
         No   ┌──────┐         ┌─────────────┐   ┌文  献 ┐
        ←── │徹底究明│        │実現可能性試験│  │理論的計算│
              └──────┘         │   (胎育)    │   │実験的試験│
                                 └─────────────┘   └────────┘
                  既存技術             │
                   ──────────────→  (出産) 評価決定
                                        ↓                    ┌──────────┐
                                 ┌─────────────┐  ┌設計┐ │Development│
        ┌データ┐ ────────→  │開発(実際化・実用化)│  │試作│ └──────────┘
                                 │    (成長)   │   └試験┘
                                 └─────────────┘
                 ┌市場調査┐ ──→  │
                                     (成人) 評価決定
                   ノウハウ           ↓
        発見へ ←   ┌─────────────┐
                    │    製    造 │
                    └─────────────┘
                          ↓
                    ┌─────────────┐
                    │    販    売 │
                    └─────────────┘
```

開発"の系統図

西堀榮三郎博士生誕 100 年に寄せて

新製品開発教室に思うこと

浅野俊明

新製品開発教室に参加するきっかけ

1973年にインダストリアル・デザイナーとして服部時計店［現(株)セイコー］に入社しウォッチのデザイン業務に3年間従事しましたが，会社の方針でデザイン組織が廃止されデザイナーは商品企画業務に就くことになりました。

それまでは諏訪精工舎［(株)セイコーエプソン］と第二精工舎［(株)セイコーインスツルメンツ］の製品企画部と服部時計店の商品企画部が新製品開発の企画書を作成したものをデザインチームは企画書を基にデザイン用語に翻訳し，デザインしていました。

新製品開発の仕事に携わることになるまでも新製品開発のあり方に疑問や不満を持っていたこともあり，商品企画の本質を知りたい・学びたいと思っていたときにデザインチーム時代の上司（田中太郎氏）から，第二精工舎の菅原修氏を通して西堀榮三郎先生が主催する「新製品開発教室」を知り，2回参加させていただきました。

西堀榮三郎先生を知ったのは小学生時代

幼稚園時代に母が脳溢血で倒れ回復しないまま小学1年生のときに他界して，学校へ行っても何をする気力もなく寂しさに打ちひしがれていたときに，わたしの大好きな若い女先生から，宗谷丸に乗って南極に行き，日本人として初めて越冬したことや南極のいろいろな話，「その隊長さんは西堀榮三郎という人だ」と聞き，脳裏

に焼きつきました。

西堀先生の話や教えの縁——"種"を見つけ"芽"を伸ばすこと

西堀先生は14歳上の兄さんが先生の持っている創造性の"種"を伸ばしてくれ，白瀬中尉の南極探検報告会切符を買ってくれたことが"南極への夢の実現"となった話をうかがったことがありましたが，自分が小さい頃からもの創りが好きになったことや絵が好きになった"種"を見つけて"芽"を伸ばしてくれたのは，親父と小学校時代の担任（川上重明氏）であり，二人の存在なくしてはデザイナーになることや52歳になっても，もの創りを楽しんでいることはなかったと思います。

このことは，家庭での子供への接し方や会社での部下に対する態度に大変参考になったばかりでなく，子供や部下のその後の発展に大きな影響を与えました。

新製品開発教室に入会して——"新製品開発の面白さと醍醐味"

新製品開発教室に参加してからは，西堀先生と事務局のお陰で普段は絶対お会いできないいろいろな方面の多彩な講師陣から，それこそ個性豊かに開発にまつわる失敗談，苦労話，本には書かなかった裏話，臨場感溢れる体験談等を聞かせていただき，自分の仕事（デザイン・商品開発）の悩みや方向性に何かしらの示唆やヒントを発見することができました。

もう一つの楽しみは，例会が終わった後に当日の講師を囲んでの飲み会では講師の裏の裏話を肴に盛り上がったり，個人相談などに気軽にのっていただき，その後の会社生活に大いに役立ったことを

思い出します。

忍術でもええで！！！

池田信一

「忍術でもええで！」何といい響き！　西堀先生が語っておられるお顔が目に浮かびます。新製品開発に取り組む姿勢のエキスが西堀カルタに詰っています。30代前半でご指導を受けるチャンスに恵まれ，新製品開発教室では講義のみならず，終了後毎回最終の新幹線ぎりぎりまで，西堀教室を代表する長期留年組の先輩諸氏に多岐にわたりご指導を賜り，まさに充実した土曜日を過ごしました。あれから10年強，一貫して新製品開発に従事してきましたが，片時も西堀カルタを忘れたことはありません。

　西堀先生には，真空断熱関連の開発で直接ご指導をしていただきました。種子島宇宙センターに設置された液体水素用ストレーナの真空断熱ジャケットや自動車研究所に納入した液化天然ガス自動車用真空断熱配管にこの技術が活かされています。南極昭和基地の井戸と本館を結ぶ配管にも使えないかと極地研究所をご紹介いただきましたが，実現しませんでした。真空断熱配管を標準化しようと試みましたが，コスト高で商品化まで持ち込めませんでした。得た知識，経験は西堀先生のご指導により，しっかりと神棚に上げてあります。その後，半導体関連の装置，部品に関する新製品開発に携わり，世に先駆けて触媒方式による水分発生装置と圧力制御式流量コントローラを開発しました。東北大学大見忠弘先生のご指導を得ての仕事でしたが，随所で西堀イズムが役立ちました。技術に対して

正直に，事実を虚心坦懐に観察して開発を進める姿勢は，両先生とも全く同じです。

圧力制御式の流量コントローラの基本原理は，オリフィス上流の圧力が下流の圧力の約2倍以上になるとオリフィスを通過するガスの速度が音速となり一定となります。すなわち，そのときの流量はオリフィス上流の圧力に比例するので，この圧力を制御することで，比較的容易に流量の制御ができます。デジタル制御回路により，各種補正機能を活かして精度の高いガスの流量コントローラが出来上がりました。しかし，この方式ではオリフィスの上流と下流で2倍以上の圧力差が必要なため，供給圧力の低いガスを制御しようとすると制御可能範囲が限定されてしまいます。そこで，差圧を利用したコントローラの開発に着手しました。うまくいけば宝の山です。しかし，ピタリと合う理論式はありません。実験式を作って実験を重ねましたが，なかなか思うようにはいきません。「忍術でもええで！」，「何でもありや！」と何回ミーティングで発言したことか。最終的にガスになった気持ちで考えることで謎が解け，知恵を絞って補正方法を考案し精度を段階的に上げていきました。「予期せぬことは起こると思え！」と覚悟を決めて，いろいろなガスで確認をしながら前進，後退を繰り返して何とか製品化にこぎつけました。

つい最近，真空断熱を用いる新たなテーマにチャレンジすることになり，15年前に西堀先生と作ったステンレス製のいびつにへこんだ角型真空断熱箱を探し出し，熱湯を入れてみたら，真空断熱は15年間生きていました。神棚から下ろして再チャレンジのときが来たという気がします。今度こそ，「忍術でもええで！」で是非完成させ，西堀先生にご報告したいと思っています。

西堀先生の思い出

一色　譲

"四柱推命"志峰会師範，睡仙堂主幹，元日本学術会議会員

　西堀先生との初めての出会いは，1955年（昭和30年）と記憶しております。その当時の我が国は，敗戦の混乱期からようやく抜け出し，各企業が本気でそれぞれの目標に取り組み出した頃でした。西堀先生は，その前年1954年に品質管理の応用普及に関する研究でデミング賞の栄誉を得られ，1955年には，日本科学技術連盟から『品質管理実施法』を出版されておりました。私が勤務していた住友金属鉱山(株)の別子鉱業所（愛媛県・新居浜市）でも，品質管理課を新設，採鉱・選鉱・製錬の各現場で，新しい考え方の普及がようやく窓口を開いたばかりのときでした。

　私が新入社員として勤務していた頃は，太平洋戦争中の乱掘の後始末に追われていました。そんなときに現れたのが西堀先生です。日本能率協会の主催で品質管理に関する講演でお見えになりましたが，そのあと各課の担当若手10名を先生の宿舎（会社の接待館・泉寿亭）に集め，三日間，ほとんど徹夜体制でご指導いただいたことが忘れられません。

　そのときの先生のお言葉，「私に出会ったら勉強しなけりゃ損だヨ」でした。後に南極の越冬隊長として出向かれた際，「南極に来たときぐらい，誰にもわずらわされないんだから勉強しようよ」と言われたと聞き，うなずけるものがありました。

　また，このとき先生は，「君達は，この別子銅山が300年も続いている理由は何だか知っているか」とたずねられましたが，明解な

答が出ません。

先生は，「この山の歴代の採鉱部長が，品質の良い鉱脈をあとに残して，条件の悪いところから掘ったからだヨ」,「この会社には"先憂後楽(せんゆうこうらく)"という，憂いごとは先に片づけ，楽しみは後にせよという徳川の教えが生きているんだナ」と。

しかし，この会社の社是に「人にみだりにモノをすすめてはならない」とあるのは気にいらん。「売れてはじめて作ったことになる」という松下幸之助さんの言葉を大切にするのがよい等のお話が強く印象に残っております。

数多くの講義の合い間に，聞く者を退屈させない，ウィットや，ユーモアを交えたお話が思い出されます。

"西堀かるた"の先生らしい面白味をかみしめている一人です。

品質管理については，1959年から勤務した北海道の余市鉱業所で活かすことができました。寒冷地の温度差と収率の相関関係を求め，これを定量的に括られたものが，日本鉱業会誌1961年9月号に取り上げられ，北欧の選鉱場にまで寄与できたことは，西堀先生の御指導の賜物と感激したものです。

その後，1965年，山で採れる金や銀をエレクトロニクスに向けようと進出した新規事業に配属されました。若い主任が一人で数百人以上の部下の采配に苦労する様子をみて能率アップにそれぞれの得手が活かせないものかと考えておりました。

そんな折，西堀先生にある会合で偶然お目にかかることができ，「先生，全く顔・型の違う別々の個性の集まりである人間の品質管理はできないものでしょうか」とおたずねしたところ，元中国の法制局長官で，日本に亡命中の"胡蘭成(こらんせい)"師を紹介され，中国には古

代から「四柱推命」という統計学があることを教えられました。

　四柱推命とは，生まれた年，月，日，時の四つの柱の組合せで命運を推しはかるものです。60歳になると還暦を祝うように，月，日，時，分にも60通りの組合せがありますので，60の5乗となり，7億7千万以上の全く異なった個性が共存していることになります。

　したがって，自分の枠にはめることなく，お互いの得手，不得手を理解し，個性を活かし合うことが，家庭・職場の居心地をよくし，能率向上，円満につながることをこの学問は教えています。

　また，先天的な宿命よりも，10年周期の運勢の変動，各年，各月の強弱，弱いときの対処も人によってそれぞれ違うことを知り，"天命を知って人事を尽くす"知恵を授かりました。このように私の人生の大半は，西堀先生の品質管理が原点であり，そのかかわりの深さを想うとき，先生の偉大な御薫陶を頂けた幸運と，たいへんロマンチストで，アイデアマンであった先生の御人徳に心から敬意を表します。

西堀先生から習ったこと

大西正宏

(財)建材試験センター　品質システム審査部顧問

　新製品開発教室でのお話をはじめ，信頼による管理の諸活動や，お供をした企業指導などの折々を通じて，先生からは数々の貴重なことを体に染み込ませていただきました。これは，先生の「前向き人生」から出て来たものでしょう。ここに，いくつかのものを列挙

してみました。

1) 前向き人間と後向き人間

    前向き人間のやり方　　　　後向き人間のやり方

    ①よいやり方を示す。　　　①否定，禁止事項を示す。

    ＜子供が危ないところで遊んでいることに対しての反応＞

    ・別の安全な遊び場所を教　・そこで遊ぶことを禁止する。
　　　える。

    ★「べからず集」は作るベカラズ

    ★「否定・禁止」で指示した方が楽であるから，自分の子供に対してもそのようになりやすい。このような人は，組織内での部下に対してはもっとひどくなる。

    ②「調子」を大事にする。　②「調子」ということを嫌う。

    ＜調子にのることに対する対応＞

    ・調子の出ない人を調子に　・調子に乗っている人の調子を
　　　乗せる努力をする。　　　　狂わす。

    　　　　　　　　　　　　　（「あいつは調子にのりやがって」と思う。）

    ③言葉も「前向き」のもの　③言葉のニュアンス等は考えな
　　　を使う。　　　　　　　　　い。

    ・あの男を「活用」しよう　・あの男を「利用」しようと思
　　　と思う。　　　　　　　　　う。

    ④まず「よい点」を探す。　④まず「悪い点」を探す。

    　　　　　　　　　　　　　⇨ 2)を参照

2) よい点（長所）捜しの秘訣

    ①自分に「よいとこ捜し」　①自分に「あら捜し」の義務を

の義務を課す。

・報告書をみたら"ええものができたな"とまずいう。
自分に「よいところ」を捜す義務を課すから，結果として R_E でもどこか「よい点」をみつけなくてはならなくなる。

課す。

・"きみの話だとうまくいくようだが，こうしたものは難しいところがあるぞ"という。
「問題点がある」といったために「あら捜し」をしなくてはならなくなる。

3) 仕事における，「考える」，「働く」，「喜ばれる」という要素と「仕事の鬼」

人間らしい仕事は，「考える」→「働く」→「喜ばれる」ことの循環である。ここで，「考える」＝「創造性」，「働く」＝「活動性」，「喜ばれる」＝「社会性」ということになる。まず考えた上で仕事をする。その仕事の結果がよければ，必ずその結果を使う立場の人から喜ばれることになり，社会に貢献することになる。自分の仕事の結果が喜ばれれば当人はさらに良くしようとしていろいろ考える。

仕事についての，「考える」→「働く」→「喜ばれる」の輪のアクセル部分は「考える」というところにある。

したがって，喜ばれればますます張り切って「考える」ということになり，「アクセル部分」の踏み込みにも力が入り，この仕事の輪の回り方は，ますます調子が上がってくる。

仕事の調子がどんどん上がってくると，やがてその人は仕事にますます興味をもつようになることはもとより，やがて極限においては「仕事の鬼」となる。組織としては，この「仕事の鬼集団」にな

ればその力は強力になる。

　この場合に大事なことは，仕事をする人が"仕事をやれ"と命令されたから仕事をしているという考えで動いているのでは，仕事そのものに興味をもてるはずもなく，まして「仕事の鬼」などには到底なることはない。

　命令されたから仕事をするのではなく，「興味があるから」あるいは「好きだから」こそ仕事をするという「命令ではなく自発的な仕事」であることが根底にあることが必要条件のひとつとなる。自発的にやってこそ「鬼」になるのであって，命令されたのではなかなか「鬼」にはなりようがない。

　ギャンブルがそのいい例で，命令されずに，自発的にやっているからこそ，「ギャンブルの鬼」が誕生するのでしょう。

西堀先生にもらったホームラン

岡　茂男

ぺんてる(株)開発部・新製品開発教室 OB

　家の私の机にいつも置いてある「ホームランシャープ」を見るたび，西堀先生のあの笑顔が鮮明に思い出される。

　20年以上も前のこと，当時，私の勤める会社では提案活動が活発であったが，その一部を担当していた私の目には陳腐な内容のものも多く，その処理にいささか閉口していた状態で，ちょうどそのとき送られていたものに，こんなものがあった。

　「高校野球が真っ盛りなので，シャープペンシルの替え芯ケースをバットの形にしたら良いのでは。できれば，シャープペンシルも

バット型にしたらどうでしょうか。」

　私は「そんな観光地の土産物のようなモノをうちの会社で作るなんて」と思い，却下しようと考えていた。

　その頃私は，西堀先生の主催されていた新製品開発教室（通称「西堀教室」）の末席を汚していたが，ある日の講義で新製品の提案制度について先生は次のような内容のお話をされた。

　「どんなつまらないと思う素人の提案でも，専門家が勝手に却下してはいけない。とかく不可能を裏付けるための専門家になりがちなものだが，それを育て上げることが専門家の仕事だ。」

　私は，そう言われても実際問題，限度があると，素直に聞き入れることができず，その後の懇親会の席で，「こんなものでも取り上げなくてはいけないのですか。」と冷やかし半分に話題にしたのだった。

　すると先生は，

　「できれば……が曲者なんや。なんでこの提案者はできればと言うたんか。替え芯のケースをバットの形にするのは素人目にも実現しそうやが，シャープペンシルは難しそうやからや。そう思うのはどういうことやと思う？」

　そこで私は，

　「シャープペンシルは先が尖っているのでバットの先に付けて子供が振り回したら危ないし，ノックをしないと芯が出ないので，バットの後ろにノックを付けたらバットらしくなくなる。そういうことではないでしょうか。」

と返すと先生は笑って，

　「それなら，そうならへんモノを考えたらええんや。それが新製

品のヒントとちゃうか。君はバットのシャープペンシルなんか玩具やと思うとるかもしれんが，そういうヒントが他に拡がって発展していくもんやで。」

　私は，内心，「余計なことを言ってしまった，先生と話題にしたからには何とか形にしなければ引っこみがつかない状況になってしまった。面倒なことになった。」と思った。

　せめて試作品ぐらいにしなくては格好がつかないと，半信半疑の状態から始まったバット型シャープペンシルだった。それが，何と製品化に漕ぎ着けることができたのだった。

　当初不可能だと思っていた点がいくつかクリアできて，技術者の協力もあり従来のシャープペンシルの常識を破った機構が開発され，大変ユニークなものに仕上がったのだ。

　できないと思っていたから結果をつまらないものと決めてかかっていたのが，やってみたら先生のおっしゃったとおり思いのほか良いものができ，そのおかげで新技術がひとつ生まれたのだった。

　先生の教えは，提案の拾い上げ方にとどまらず人生や仕事に取り組む姿勢や人間関係にも及ぶものであり，その基本は「柔軟さ」と「人間愛」ではなかったか。

　後日，製品ができたので先生に見ていただきながら説明をし，手前味噌ながら「発売前ですが，先生がご指導下さったのでヒット商品より売れると確信してホームランシャープと名づけました。」と言うと，とても喜んで下さった。

　発売後，幸い「ホームランシャープ」はこの種の製品としては大ヒットをした。

　そればかりか，いわば子供相手の商品から生まれた技術が，現在

ではわが社の高級ブランド商品に活かされ，いわゆる「社の財産」となっている。

今日，これらの製品があるのは，「ホームランシャープ」があったればこそ，そしてその発端になったのが，西堀先生のこの一言であることを知る人は，私以外には，いない。

西堀教室で学んだこと

北原英昭

第 11 期〜24 期受講生 運営委員

西堀教室との係わりは，第 10 期新製品開発教室の案内をみて西堀教室の存在を知り，第 11 期新製品開発教室（西堀教室）A クラスに申し込んだのがきっかけであった。今日の自分があるのは，西堀道場に入ったおかげだと思っている。西堀教室は，西堀先生をはじめとするリーダー陣（茅野先生，唐津先生，田口先生，浦山先生，牧島先生）及びユニークで著名な講師陣が素晴らしく，講義内容と後の交流は，私にとって感動の連続で極めて魅力的なものであった。西堀教室の魅力に引かれ，第 24 期までの 14 年間を留年して通い続けることになった。西堀門下生として 14 年間に教えを受けて蓄積した多くの知識，助言，体験及び先生方や門下生仲間との交流は，知恵蔵として，また人脈として，貴重な財産となり，今も仕事や生活の糧となり支えとなっている。

当時私は，社内で新たに設けられた新製品開発課の担当を仰せつかり，工場から開発部へ異動して 3 か月，新製品開発に取り組み始めたばかりであったので，西堀教室へ参加できたことはラッキー

であった。第11期は初級A，中上級Bの2クラス分けで，年数回はA, B合同で開催された。A，合同開催のとき，隣合せになったBクラスの鈴木正康氏（自称留年生）から，B, Cクラスの話をいろいろ聞かせていただいた。Cクラスは教室開講以来の留年生（Cクラスは3年目の聴講生）の集まりで，西堀先生の名声と顔で，普段は見られない所の見学会や視察旅行に行った話を聞かされ，私も是非上級クラスに進みたいと思っていた。第12期からは教室が一本化され，留年生の方々と14年間を一緒に学び交流することができたため，今もお付合いいただいている。

　教室の月例会では，リーダーの先生方をはじめ，大学・研究所・公的機関・団体等の先生方及び民間企業の先生方等，多彩で著名な講師の方々の講義や交流と教室仲間の交流は私にとっては貴重で新鮮な勉強の場であり，自分のネットワーク構築の場でもあった。

　第11期のときは，教室の帰りに，日本規格協会の向かい側にある喫茶店で牧島リーダーを囲み，KJ法，進め方，ものの考え方等について議論をした。ものの見方・考え方については，東京国立博物館の杉山二郎先生から，「歴史は視点を変えて見ると新しい発見がある」ということをお聞きし，大変勉強になった。教室の帰りには数人で一杯酒を飲みながら情報交換する中で知識を得たり，仕事で協力を頂いたりした。第12期のとき，鈴木正康氏に付き合って四谷の酒屋・鈴傳へ一杯呑みに行ったことが始まりで，教室の後の飲み会（西堀先生もときどき参加），地酒を飲む会（日本規格協会の川村所長も参加）等が恒例になり，様々な話題，教室の運営方法，西堀イズム等について論議し，勉強の場ともなっていた。この後，教室でも月例会終了後リーダーの先生方，講師の先生方も参加する

懇親会が開催されるようになった。西堀先生は毎回出席されたが，先生方との直接交流，受講生同士の交流を通して様々な情報交換ができ，また先生・講師・先輩方から助言を頂くことも多く，懇親会は大変有意義な場であった。

　西堀教室で14年間留年を続けて得たもの（知識，考え方，手法，理念，教訓，倫理観等）は，私の発想の土台となり，人生の大きな支えになった。

　私が西堀教室に初めて参加したとき，社内では「自動車分野以外で射出成形品の売上拡大」を課題に，各部署から11人のメンバーが集められ，新製品開発課が設置され，その担当を命じられた。このときは，特に樹脂化の遅れていた音響機器の板金・木製部品を樹脂化をテーマに，パネル，ケース，シャーシ等の樹脂化アイテムを提案し，製品化のお手伝いをさせていただいた。初めての試みのなかでは，運営面，技術面で様々な問題が次々に発生したが，西堀教室で学んだことを実践して発生した問題を一つ一つクリアーし，樹脂製部品の製品化に成功し，主力協力会社の地位を得た。また，家電メーカーM社の経験では，新製品用樹脂部品の成形ができずに困っていて，協力を頼まれた。知識は乏しかったが，金型をトラックに積み込み，約1か月間，成形メーカー十数社を渡り歩いて一緒にトライを重ね，ついに良品を手にすることができ，その他の部品の発注を頂くようになった。このときの経験では，課＆協力メーカーでの運営方法，射出成形品，電気部品・金属部品・プラスチック部品等の知識・技術のレベルアップについて，西堀先生の南極越冬隊の経験談や講義・講話は，大変参考になり，私が取るべき方向を教えられた。例えば，運営面では，「和と流儀」，「パイオニア精

神」を元に「皆でやりましょう」,「あれもこれも」,「目的を分配し,信頼して任せる,手段は自由」,「競走させる」,「ああそりゃいい考えだ」,「石橋をたたけば渡れない」,「忍術でもええで」,「リーチングアウト」,「出る杭は伸ばせ」,「良い部下にチャンスを与えろ」,「能力は変えることができる」等西堀教室で学んだことをことごとく実践した。その結果,メンバーは,「あれだけ優秀な人材が揃っていれば」と羨やまれるほどになっていた。これは,西堀先生の教えを実践する中で,メンバーがチャンスを活かし,勇気を持って新しいことにもチャレンジし,自分の能力向上に努力した結果であった。また,「良い部下にチャンスを与えろ」で,請われるメンバーはどんどん異動に応ずるようにしたが,このことは,後の仕事の中で,自分にとって大きな力となった。製造・技術の面では,「何か新しい試みを一つ取り入れる」,「3現主義」,「観察を大事にし,変だなと思うことは見逃さない」,「データで事実をつかみ改善を重ねる」,「統計的手法」,「不良品は宝の山」を活用し,材料・成形・加工・型メーカーや工場等に積極的に出向き,昼夜を問わずトライを重ね,現場で見ながらデータを取り,一緒に考え,周囲の協力を仰ぐようにした。体験で生きた知識を得ること,異質の協力,行き詰まれば原理原則にもどる,原点を考える等実際に実行し納得できた。私の担当課題は,5年後には3社の主力協力メーカーとなり,年商24億円を売り上げ,新規事業部として独立することができた。その後,社内では赤字工場や新規事業部門の建て直し等を仰せつかったが,新製品開発のときの経験,教室で学んだことを実践し,成果を上げることができた。工場再建のときは,「他人の手助けは,普段のサービスから」を実行して環境を作り,各部署に異動した昔の

仲間の強力な支援・協力を得て，無事任務を果たすことができた。その他，社内に展示場を計画したときは，西堀岳夫先生のお力添えを頂き，安い費用で素晴らしいPRセンターを作り，会社のPRに貢献することができた。これらの成果は，西堀教室に留年して培われた知識や先生と仲間の支援・協力によって実現できたことであった。好き嫌いで人事を行い，優秀な人材を欲しがるばかりで育てる努力をしない人が多いが，西堀先生の教えを確実に実践していけば，人材育成や，業績の面で必ず良い成果を得ることができると確信する。

西堀教室で，つくばのNASDAを見学旅行したとき，宿泊先での懇談の席で，西堀先生に，「私は，"死ぬまでチャレンジ"の精神でやっているのですが，いろいろ思うようにいきません」と話したら，西堀先生は，「実験とは，考えたとおりにはいかない，やってみて駄目なところを変えてまたやり直すこと。人生においても同様に，駄目ならまたやり直す。人生は実験だよ。」と教えられた。

教室終了後の懇親会の席で，「開発費用が足りないし，自分が知らない部分もあって仕事が思うように進まない。うまい方法はありませんか」と西堀先生に相談したところ，先生は「自分だけでは何もできない」，「人の褌で相撲を取れ」と言われた。「ある所から持ってくる。知識は専門家を利用する」とアドバイスを頂いた。お金の面では人の褌を借りることは難しいが，知識面では大学，研究所，専門メーカー等々を活用させていただき，ネットワークも広がっている。

西堀先生は科学と技術の関係について，「科学は大自然を知ること」，「技術は大自然の恵みを受けること」と説き，「技士道」で「技術者が寄るべき道徳律，技術者としてあるべき姿，良心に恥じ

ない行動の体系」を示している。私は，会社設立に際し，「子々孫々のために，感謝の気持ちを持って自然の恵みを受けよう」という西堀先生の教えに従い，「自然から学び，自然を活かし，自然を守る」を会社のモットーにしている。

また，技士道精神を心に，西堀道場の仲間の方々の支援を頂き，異質の協力と人に喜ばれることをあれもこれも欲張りながら，新製品開発と新規事業化の夢に向かって挑戦を続けている。

西堀先生の思想と多くの教えは，書籍や西堀カルタ等に著されているが，今日の混迷した社会において，生きた導・バイブルとして活用されることをお勧めする。社会や企業で実践活用することにより，世の中に再び活気を取り戻すことができると確信している。

西堀先生の言葉「温かい友情，深い好意，大いなる夢」と，技士道の精神を遵守しながら，教えを受けた 14 年間の貴重な財産を生かし続けること，周囲へ伝えることに努力を続けていこうと思っている。

私は，西堀先生の思想と教えを学び，実践しながら，未来に向かってチャレンジできる今の自分がいることを思うと，西堀教室と西堀先生に対し感謝の念で一杯である。

観察力

楠田浩二

西堀先生が亡くなられる半年前の秋のある日，那須さんからお電話を頂いた。先生がご病気で休んでおられるけど，西日が強いのでなんとかならないだろうかとのこと。それはお易いこととお引き受

けした。鵜の木のお部屋の位置，窓の大きさ，どの程度に日照をコントロールしたら良いだろうかなど，那須さんのお知恵をお借りし，担当の技術部に連絡し準備を進めた。前の日に鵜の木にお電話し，午後に工事にお伺いすることと，西日のもとで効果を確認して帰りたい旨をお伝えした。

　翌日は快晴，車に作業道具一式を積み，鵜の木のお宅に着いたのは午後2時を少し廻っていた。先生はお休みになっておられたが，「よう来た」と体を起こして声をかけていただいた。窓は半間幅の透明ガラス2枚，窓を外しての工事になるので，一時的にフィルムで目張りをしてやりたいとお話したら，天気もいいし風もないので，目張りは不要，外したまま工事しなさいとのこと。お言葉に甘え，ガラス窓を枠から外して工事を進めさせていただくことにした。

　採用したフィルムは，ポリエステルフィルムに金属アルミを蒸着したタイプ，可視光領域の減衰が比較的に少なく，赤外線の吸収がフローとガラスの2倍のもの[注1]を選んだ。まず窓を石鹸水で洗い，ガラス表面の汚れを拭き取ったのち，スプレーで水を吹き，フィルムの接着側の面にも吹き，そこで貼り付けとなるのだが，上半分の水が午後の太陽光で乾き気味だったので再度吹きつけ，フィルムを静かに上から乗せ，乗せた上からフィルムに水をスプレーしその水の滑性を利用して，ガラスとフィルムの間の空気を真中から外側に向けて逃がしながら接着させていく。1枚目を終わり，2枚目も終えた。さて，この2枚を立てようとした矢先，「あんた，何で1枚目と2枚目のやり方を変えたんや」との先生の声，これには驚いた，また嬉しかった。寝床どころか，窓に腰掛けて作業をずっと見ておられたのだ。さすがは西堀先生，病人と思ったらとんでもない，

1枚目の手順をメモリーし，2枚目を観察され，1枚目と2枚目の違いを検出されたわけだ。実は1枚目は日が高く気温も高く乾き気味であったのでガラスに2回スプレーをかけた，2回目はかなり日が落ち始め，ガラス面に水がタップリあったので1回のスプレーですませていた。これを指摘された。

　西堀先生は，品質管理といい新製品開発の手法といい，この徹底した観察をベースとし，何がいつもと同じで，何がいつもと違うのか，違いの大きさが大きいのか小さいのか，出方はしょっちゅうか，たまにか，これを追いかけることに徹しておられたと思う。その徹し方に抜群の感度をお持ちだったのが西堀先生だった。いつか先生に新製品開発の手法についてお尋ねしたことがある。「それはな，忍術でもええんや」「まずやってみるこっちゃ」「よくながめてみるもんや」。これは，まずやってみて，その過程を子細に観察して，効果があるかないかをチェックする，そこから新しい道が開けるという方法論，これに徹しておられたと思う。当時，企業で新製品開発を担当していたので，この先生の方法論をベースにさせていただき，自分達なりに仕組みを加えて，実務に適用させていただき，幾つか成果に結びつけることができた[注2]。「何で1枚目と2枚目のやり方が違うんや」，先生から頂いたこの貴重なお教え，「観察力」これをこれからも大切にしていきたい。

合　掌

引用資料
　注1：スコッチテイントカタログ
　注2：住友スリーエムのコンカレントエンジニアリングの現状と課題（化学工学63巻，7号，p.374）

細工はリュウリュウ

小林俊次

(財)長野県テクノ財団 コーディネータ

1980年を前後にして何年か西堀流新製品開発術の教えを請うた。

私の人生の中で今省みると，非常に充実した時代であったと改めて感慨深く思っている。

当時，三協精機製作所に在籍し，事業部の開発部隊の責任者として「細工はリュウリュウ黙って仕上げをご覧じろ」の西堀流で，思いのまま己の信ずる研究開発を行った。

その結果100億円レベルのOA周辺機器のアクチュエータ事業を立ち上げることができた。これは当時の経営陣の理解とパソコンをはじめOA機器の開花始動時期であったことも幸いしていた。

そして市場・業界動向・己の年回りと職籍のタイミング，理解ある経営陣，加えて「西堀流新製品開発教室」に参加できたことが，技術屋として人生の中で最も心身ともに充実した時期を過ごさせてくれた。

また，その後の技術屋人生の中で，若い技術者の「発想の芽を摘まないように」をモットーに努められたことも，西堀先生の教えによるところが多かったのだと思いを新たにしている。

さて，当教室では西堀先生の他に唐津一先生，茅野健先生等多くの先生方に種々御教授いただき，中でも発想法はNM法，KJ法等の多くを学んだ。

NM法，KJ法を実行するにはチョット大変なので，「レール法」「比較法」を私の発想テクニックとして現在も活用させていただい

ている。思考が堂々巡りすることなく極めて効率的であることに，今改めて当研究室で学んだ手法であることに思いを馳せ感謝している次第である。

思い出の中に，教室後に行われた交流会がある。

当研究室の参加メンバーの一人・武田和忠氏（当時，三洋電機）が木製のカヌーキットを開発し，西堀先生はじめ保坂洋氏（当時，東京磁気印刷），私等それぞれカヌー造りを行い，西堀先生の「アメンボー号」と皆で天竜川下りをやろうか（残念ながら西堀先生は参加できずに決行）などと，酒を酌み交わしながらお互いの親交を深めた交流会は忘れがたい。

西堀先生は極めて不思議な魅力を持った仙人のような人間であった。その仙人の人生訓を伺うことを楽しみに当教室へ通っていた一面もあったように思う。

また，西堀先生の人脈の広さからいろいろな先生方と知り合うことができ，その後の技術活動に大いに役立たせていただいたことに感謝しつつ，「西堀流新製品開発教室」の産業界への貢献が多大であったことをここに記します。

西堀先生をしのんで

坂巻資敏

私と西堀先生の出会い

私が西堀先生に初めてお目にかかったのは，（株）リコーがデミング賞に挑戦したときであった。大田区の馬込にあるリコーの講堂で，西堀先生の南極探検と企業の新製品開発をベースにした経営哲学を

拝聴したのが西堀先生との出会いであった。

このときの先生のお話は大変印象深く，独特の先生のキャラクターにすっかり魅せられてしまい，これをご縁に新製品開発の門下生になった。以来，先生が永眠なさるまで，親しくお教えを拝聴しご指導などを頂くという至福の体験ができたことは，その後の私の人生に大きな力と勇気を与えて下さった。

特に感銘を受けた西堀流新製品開発の教え

企業の幹部社員への講演会では「皆さんは上役になってはあきまへん。幅役になるよう心掛けなはれ」と視野を広げ，一つの専門馬鹿にならないよう何事にも関心を持って知識と経験を深めることがゼネラリストである。人間関係には上下の関係はなく，自分の背負う責任の幅の広さが組織の役職を決めているのだとの幅役論は今も毎日自己点検に活用している。

- エジソン式とラングミヤー式の発明の定義とやり方。
- 西堀流研究・開発の定義。
- 品質管理は人質管理（ものを作る人の質が製品の品質を決めてしまうということ）。
  よって，良い品質を作り出すには，その生産に携わる人間の質，物の見方・考え方を良くすることが基本であるという教え。
- 未知のことをうまくやるには「馬鹿と大物」がコンビとして必要である。専門馬鹿とこれを支援するパトロン・大物がいないと担当者だけでは，未知なることは達成しない。大物を捜しパトロンになっていただくことがKFSだという教え。
- 新しい芽，発想，着想，アイディアを育てるには「何も詳しい

話を聞かないうちに"そりゃええ考えだ！"と言ってしまうこと」。育て役の心構えとして肝に銘ずること。

アイディアの良し悪しを吟味するより部下のアイディアを俺が全責任を持って育てるのだという強い決意・決心・情熱が大切だという教え。

- 科学技術の功罪

  科学に功罪なく技術に功罪あり。技術の功罪は，技術者に与えられる「経営目的」によって決まる。よって技術者は，人類社会の進歩発展に役立つ技術活動は積極的に挑戦するが，人類社会に害悪を与える経営目的には生命を賭して反対する勇気が求められる。この行動規範を西堀流技士道に印された。

- もう一つ大切にしている教えに，大事を成功させるにはそのチームの目指す目的・目標は絶対正しいのだということをメンバーと関係者に納得させる大義名分，錦の御旗が必要である。リーダーはこれを掲げなさい。

- チームリーダーの責任とは何か，責任はいかにとったらよいのか

  部下を死なせた登山隊のリーダーは，その家族に対して責任の取りようがない。リーダーの責任とは死者を出さないためのありとあらゆる事前の手を打つことであって，事故が起きてから事後の責任はとりようがない。チームリーダーの責任とは必ず成功させ，事故を起こさないための事前の施策である。

- 晩年の先生の教えで強く印象に残っていることは「これからの日本は基礎研究から生まれる新知識を応用したラングミヤー式の画期的な新製品を発明し，これを全く新しい産業として育成

し，国家の経済発展を進めなさい」。こういうことのできるリーダーと人財を育てて下さい。

このほかにも数多くの教えを頂いたが，特に私が強く感化され，今日の企業活動の中で実践し，効果のあがっているものを拾ってみた。おそらく，西堀流新製品開発術は今後の新製品開発に関わる人たちのバイブルになると私は確信している。

西堀流新製品開発術の応用事例

私は1976年，西堀教室に参加したと記憶している。教室で学んだことを整理して1984年にリコーの基盤事業の将来技術を研究開発する画像技術研究所を新設した。当時の複写機は，アナログ技術をベースにした白黒複写機が主流であった。当然，事業部や販売部門の人たちは，現商品の品質改善テーマの研究を強く望んでいた。私はこの研究所の副所長として実質的な研究管理の全責任を任されることになった。私は研究所員と関係者に画像技術研究所の目的・目標を明確にするために以下の錦の御旗を掲げた。「当研究所は将来のリコーの基盤事業を保証するために必要なデジタル，カラー，小型化と高速化の画像技術の研究に特化する。既存商品の品質クレーム対策は製品事業部にお願いし，当研究所での支援は行わない。」この研究所の方針に対して猛烈な反発が販売部門と事業部から私のみならず，私の上司や社長に寄せられた。この研究所攻撃の防波堤役を西堀先生がかって下さり，「将来のリコーには，坂巻の研究方針が正しい，これをトップはサポートしてやりなさい。」とお話をして下さった。西堀先生がおっしゃるからということで，現場の不満を抱えたまま，画像技術研究所は船出した。今日，リコーは8

期連結の増収増益を達成しているが，その中核商品はデジタルカラーと高速商品になっており，私の方針による研究成果がリコーの経営基盤を支えている。

1988年の元旦に，西堀先生から『皆で創ろう新技術』という肉筆の色紙を頂いた。これは私の宝物として我が家の客間に飾ってある。画像技術研究の成果を先生のご好意で新製品開発教室で紹介するという機会も頂いた。

世紀を超えて

篠原孝子

長身のしなやかな体躯，優しいにこやかなしかし鋭い眼差しの精悍なお顔，豊富で確実な経験や学問に裏付けされた温かい人間性，誰とでも真正面からの接し方で熱く語られる。

初対面のときから，ど偉い人，手強い人，近寄り難い人という概念が一瞬にして吹きとび，その昔親しくしていた大先輩との再会のような安らぎと親しみが漂った。

新製品開発教室で7年間を留年した私は，その期間のほとんどが紅一点の存在で，先生には特別に可愛がられ，時には中高年男性に嫉かれたりもした。見学会の旅での会席は，新参者のくせに上座中央の先生の隣が示され，時には「膝の上に坐れ…」なんてお言葉。冗談じゃない，私はジャンボで「先生の膝の骨が折れてしまいます」と大きく笑って丁重に辞退する始末である。

新製品の開発は，そう簡単にいくものではない。この会は薬に例えれば漢方薬のようなもので即効性は望むべきもないが，長い年月

にジワジワとその効用があらわれる。アルキメデスの"支点を与えよ。されば地球を動かさむ"ではないが，私のように学問の基礎も究めず超近道で何かやらかそうとしたら，それなりの脳の使い方を要するのではなかろうか。専門的な研究や学問や芸術などを時間をかけて体系づけるところはいくらでもある。しかし好奇心，探究心，冒険心など，その心を育成することが，どんな学問よりも重要だと誰もが知っているのに，それをどうやって育てるのか教えてくれる人も場所もない。柔軟な物の考え方，異質の強力，大胆に慎重に，積極的に推進していく力を養うこと，不屈の精神を保つことを一体誰が教えてくれただろうか。新製品開発に成功した事例を開発者自身の言葉で多くを聞く機会を与えていただいた。つまり世界中に昨日までは無であったものが今日我々の前に在る。もちろんその陰には多くの調査や研究努力，年月の積み重ねがあることは当然だが，成功してしまえば人はその歓喜の中ですべての苦労が報われる。軌道にのせて限りない営業実績に結びつけ，それが長期の展開をみれば勝利者である。殊に開発の道すがらにはたくさんの近い将来に成功を約束する種がウヨウヨ存在しているので，その教訓を見逃さずに応用篇となせば，これも楽しみである。

　アサヒビールの"スーパードライ"は当時の副社長中条高徳氏の情熱的な講演であった。偶然にも同郷で，しかも同じ師を仰いだ青春があったので，その成功を嬉しく聴いた。後日墨跡鮮やかな御書面と共に『アサヒビールは挑戦する』の本を頂戴した。"コクとキレ"というビールの醍醐味を素直に表現しての大成功は多くの人の認めるところとなった。

　ライオン(株)が歯垢分解酵素デキストラナーゼの開発で虫歯予防

の歯磨を発表した。"クリニカ"がそれである。平凡な日常生活の中へ常に新しい提案と参入は，信頼と力を世の中に示し，これでもかこれでもかと叫んでいる。ヤマト運輸が"宅急便"というコンセプトで短い期間に流通の大変革をもたらした。当時の小倉社長の情熱と先見性が人々の希望に応えて大事業を成功させ，更に昨今は身障者のパンづくりから販売店展開へと限りなく進む。

　この素晴らしい教室から，私の場合は，専門学校の講師として，中小企業経営者勉強会や新入社員研修会へ，会社の仕事と併用させて社会貢献のつもりで西堀教室で学んだことを自分なりのカリキュラムに構成した。学校は年に約250名の学生に8年間，各グループも50名内外なので，およそ3000名近い人々に伝達され，彼らはいまや企業のリーダーとして国の内外に闊歩している。つまり24年間の教室は確かに伝承され，世紀を超えて着実に活き活きとある。

　西堀先生の優しくて烈しい眼差しや理想郷の中でチャレンジ精神旺盛な凛々しいお姿はこれからもずっとずっと私の中に，そして私の仲間達の中に永遠に生き続けていく。

プルトニウムはあかん！

清水千里

　西堀教室は20年以上も続いたとのことであるが，私が生徒として参加したのは，最後の7, 8年で，それほど長いわけではない。しかし，その間に学んだことは非常に多い。それらは簡単に書くのはむずかしいが，二三印象に残ったことを述べてみたい。

西堀先生は，相手に厳しいことをやんわりと言われる。京都弁独特の響きが当たりを和らげるのかもしれない。相手を傷つけないための配慮とも思うが，巧まずしてそうなっているのかもしれない。そういうお人柄なのであろう。また常に，本質的な点をはっきりと指摘されるのも印象に残ることである。日本的な習慣の中に潜む不合理な事柄をずばりと言われることは，先生の著書の題名に端的に示されている。曰く，『出る杭をのばせ』，『石橋を叩いたら渡れない』など。そのほかにも，「上役ではなく幅役」とか「現場的技術者と学者的技術者」，また「演繹的思考と機械的思考をペンデュラムのように繰り返せ」など，ユニークで分かりやすい表現で教えていただいた。

　西堀先生から教えていただいた数ある中で，私にとって，現在でも非常に重要と思われるのは原子力の問題である。先生は原子力研究所の理事をしておられたことから，原子力の推進者と見なされているかもしれないが，単なる推進者ではなく，批判的な推進者であった。そのことは，米国の原子力委員会の初代委員長であるリリエンソールの著書（ATOMIC ENERGY A NEW START，邦訳名『岐路にたつ原子力』）を先生の監訳で出版されたことでも明白である。著者のリリエンソールという人は戦後日本でも有名になったTVAの総裁でもあった人である。

　リリエンソールは著書の中で次のようなことを明らかにしている。

　「米国とソビエトは原爆を何千個と持っている。それなのに，原子力から電気を作り出す安全な技術を，まだ持っていない。」「軽水炉路線の問題点と危険性は，60年代，70年代を通じて大きく誤解

され，過小評価されていた。」著書の関心は，はじめは人間の健康に対する安全性の問題が中心であったが，やがてそれに核拡散の問題が加えられた。その理由は，軽水炉型の原発の稼働によって，プルトニウムという核弾頭の主成分であり，世界中に核兵器を拡散させるのに不可欠な物質を生ずるからである。そして著者は，危険な副作用を持たない新たな原子力発電の開発が緊急であると主張し，新しい出発の必要性を強調している。

では新しい原発の技術として何があるのか？ それに関しては，西堀先生は教室の講義の中で，トリウム溶融塩炉を推奨された。放射性廃棄物を出さないということが主たる理由であった。先生は「プルトニウムはあかん！」と言われたのを，はっきりと私は記憶している。

今年（2002年）は原子力発電にとって，重要な意味のある年となった。それは，政府と業界が進めている，プルトニウムの使用を含む核燃料サイクルが，事実上破綻していることが国民に広く知れ渡ったことである。もんじゅの事故，JCOの臨界事故等々，そして東電の永年にわたるトラブル隠しにより，信頼は大きく崩れた。今にして思えば，先生は二十年も前に，今日の事態を予見して居られたかのように感ずる。その炯眼に敬服すると共に，私も，先生の遺志を継いで，新しい安全な原発技術の開発に協力する側に立ちたいと念願する次第である。

ヤルン・カーン号に乗って

菅原　修

新製品開発教室 OB

　1965年新製品開発教室が開講されて10年ほど経った初夏の一日，油壷からのクルージングに招かれた。西堀先生は全長10.2 m，重量10.44 t，高さ13.0 mの2本マストの操舵を握られ颯爽とした船長の出で立ちで，共に建造の手伝いをされたご子息たちの機敏なクルーの動きに目を細めておられた姿が印象的だった。

誰も手掛けないことを最初に実行する

　船名のYALLUNG KANG（ヤルン・カーン）は，京都大学学士山岳会（AACK）が当時，未踏の最高峰ヤルン・カーン（8,500メートル）初登頂の計画の総隊長を，西堀先生が務められ見事登頂に成功されたことに由来する。

　先生のモットーの一つに，誰も手掛けないことを最初に実行する。やるからには必ず成功させる周到な計画でプロジェクトの推進を図る強いリーダーシップと夢を実現させるロマンがあった。

夢を持ちつづけることの大切さ

　中学生のとき白瀬中尉の南極探検報告会を聞いて，いつか南極へ行ってみたいと夢を抱きつづけた結果が，54歳にして実ったとのことであった。日本で南極に関する情報を最も多く集められ，しかも多くの極地探検の関係者に会い交友を深めておられたことが，南極観測の越冬隊長に指名され，多くの反対を押し切って無事越冬に

成功されたわけである。

先生は，ヨットにより南極大陸を一回りして南極から北極を目指しグリーンランドの東側を通り縦回り世界一周の夢をかつて語られたことも思い出す。

未知への挑戦

何が起こるか分からない未知への挑戦を決して冒険とは呼ばず，探検と言われた。常に二重三重の不測に備える準備をされた姿勢がそれを示している。

植村直己さんが北極単独行を計画したとき先生は，その成功を期して幾重にも方策を工夫して助力された。

自ら小型の六分儀を製作して与えたり，正確な時刻を知るために時計屋の小生に 24 時間時計の手配を申し付けられた。アナログ式とデジタル式の試作水晶式腕時計をお貸しした。当時の電池式は $-30°C$ 以下では作動しなかったので，懐に入れて使用するようお願いしたものである。

その他に当時まだ民間では利用できなかった米国国防総省の GPS 受信装置を犬ゾリに搭載して位置決めの道具として用意された。

後で知ったことであるが植村氏の全装備は，その後ソックリ米国スミソニアン博物館に GPS 利用と引換えの約束により寄贈されたとのことであった。

そらええな

アイデアの育て方でも，まず批判をせずに「そらええな」と言い

なさいと教わった。言った限りはそのアイデアがうまくいくように助け育てる責任が生ずる。一生懸命に成功するよう努力し協力することになる。

アイデアとは事ほど左様に生まれたてはひ弱なものであることを身をもって体験することになった。これは自分も成長するし，アイデアを出した人をも元気付けるモティベーションの原点である。

新たな人との出会い

新たな人との出会いをいただいたのも忘れられない思い出の一つである。多くの方々の中でお二人を挙げると，近藤良夫先生と中原勲平先生である。

近藤先生からは，人の能力を存分に引き出す"モティベーション"ということを。そして中原先生からは，"商品企画"の原点"商い"の手ほどきを受けた。

これらの方々との出会いが，今日の自分の行き方を決めたともいえる。誠に有難い人生の師である。

やってみる人

武田和忠

新製品開発教室には我々聴講者が発表する機会がありました。自分の属する会社の新製品や新しい動きの披露をするのでした。面白がりながら駝鳥の肉を食べたり，電導性のゴムを知ったり，まだ珍しかったカラーコピーに感心したりしたものです。

そこにしゃしゃり出て，自作用のカヌーキットを作りましたと紹

介させていただいたことがあります。好きな仲間に実費負担してもらって 30 セットほど出した頃で,いわば趣味の発表,厚かましいものです。幸い西堀先生にも聞いていただき,終わったあと,このキットを差し上げたいのですがいかがでしょうかとお伺いしたら,有難うと言われたのにはうれしくなりました。これで「西堀先生御用達」の箔がついたという気持ちです。

どなたかにお譲りになって工作に問題があったりしたらお手伝いしますと言ったら,説明書を読んで自分で作ると言われ,まさかそういうことはないだろう,先生もおあいそを言うもんだと,おあいそに恐縮しておいたものです。当時 76 歳の大先生でしたから。

お渡ししたのは 6 月の初旬,そのあと 7 月の例会で伊豆の海で遊ぶ計画だと言われて驚きましたが本当でした。写真をあげるといわれたのを 2〜3 枚のスナップかと思っていたら,8 月にどんと 40 枚ほど。キットの荷ほどきから工作中から海辺まで,要所要所の綿密な記録でした。そしてその翌月,またちょっと来いというお言葉で伺ったら一束のメモです。あり合わせの紙に書いたということでしたが,原稿用紙にして 30 枚くらいもあり,それがまたキットの荷ほどきから工作中から海辺まで,順序を追った図解入りの手記でした。

小学生のお孫さんを横において,欠点混じりの説明書に沿って作られた様子がよく分かります。それに一ひねりがあって,お父さんの工作を見ながら書いたお孫さんの作文という趣向です。所どころ説明書への批判や漕ぎ方についてのアイデアがあるのは小学生にはでき過ぎなので,「……とパパは言いました」などとなっています。これは大変なものをもらってしまったという思いと,先生は本当に

楽しんでくださったのだと，突き上げるような喜びがありました。フィクション仕立ての著作は唯一のものかもしれません。

今年，先生の父祖の地である滋賀県湖東町で幾つもの記念行事がありますが，そのキャッチフレーズが「やってみなはれ」となっています。指導者の眼差しで後進の努力を見守るといった意味でも使われる言葉ですが，先生の場合は違います。「私は自分で何でもやってみている，君も実践しろ，そうすれば真実が分かる」とおっしゃっているのです。

先生は実践の人でした。ローラー髭剃りという商品があります。小型のマッチ箱くらいの大きさで，一端にメッシュの回転刃がついているのを頬にあててゴロゴロを転がすと髭が剃れる，電気も水も要らない，音もしないから他人の邪魔にもならないというものです。私も買って試したものの使用感がよくないのですぐにやめましたが，先生が他の講師の話を聞きながらお使いになっているのを何年間も見ました。多分，商品の意図が気に入って，良いところを見つけ出してやろうとされてのことではなかったかと思います。

それはまた，若い頃にガラス細工に上達するための訓練法を考えて，いつもポケットにガラス棒をしのばせ，暇なときや歩きながら手を突っ込んでぐるぐる回して指を慣らすことに努め，遂に大得意になられたということも符合しています。

未熟な後輩の行為にも小さな商品にも，確かな実践によって確かな視点を持って向き合う姿を，自らの行動として，多くの事例で示していただきました。

ある日の極楽会

玉井研一

　高校同窓の友人時山氏から西堀さんの魅力を聞いていた。僕の勤めていた富士通の社員の成人式へ講演で来られた西堀さんは演壇へ上がって国旗へ頭を下げられた。西堀さんの著書『品質管理心得帖』は感動を持って読んだ。登山家で冒険家の植村直己が西堀さんを尊敬していたこと，西堀さんが植村氏の人柄を大事にしていたこと，氏の名著『南極越冬記』の読後感などこの原稿を書くにあたり昨日のことのように思い出す。

　僕が新製品開発教室へ参加したのは昭和59年から60年の2年間であった。この頃の日本は技術立国の自負豊かな時代であったがまたいっぽうでは日航機墜落のニュースが世間を驚かし，阪神優勝，長谷川一夫，植村直己が国民栄誉賞を受賞した年であった。企業各社の株は上がりつづけ，いずれくるバブル崩壊の大きな波を誰もが予想できなかった時期でもあった。

　新製品開発教室では西堀さんと一緒に各界の企業人の話を聴講した。講師はいろいろな企業の方が担当された。各界の第一線で活躍されている方の話は，製品開発にまつわるコンセプト，開発過程での諸問題解決にまつわる内容が多く，今人気番組として知られるNHKのプロジェクトXの物語とあい通じるものであった。一日の教室が終わると西堀さんを囲んで各自の興味ある話題を自由に話す場が設けられた。西堀さんが名付けたと思われるこの「極楽会」ではお酒も出て教室の誰とでも自由に話ができた。会話に参加することで仕事上での問題解決のヒントを得たこともある。

この時期の世相は企業各社の勢いも良くNHKの日曜の朝の番組で仕事，人生，健康を話題にした著名人へのインタビューが放映された。登場人物は芸術，学術，経済界の分野で活躍中の人か過去に自分の属した分野で実績のあった重鎮が多く，日本の未来を明るく示す響きのある番組だった。西堀さんも番組の後半に船長姿で登場した。このときの西堀さんの話でその後ずっと印象に残った言葉がある。リーダたる者は目標を明確に示したら目標への過程を部下に任せてかげながらじっと見守るといった言葉である。少し話がそれてしまったが極楽会へ戻る。

　ある日の極楽会で西堀さんへ前から一度聞いておきたかったことを質問した。

「先生の座右の銘はなんですか。」

「私はそんなものは持たない。持つと君，自分がその銘とやらに束縛される。たとえ座右の銘を持ったとしても私の銘は毎日変わる。」

　西堀さんから物事に捉われない自由自在な考えを持つことの大切さを学んだ。凡人がすぐに真似のできることではないが，人間への好奇心と寛容と信頼の大切なことを氏の晩年の姿に接することによって学ぶことができた。

　氏の本を読むと氏の声が聞こえてくる。

新製品開発教室と私

坪子嘉彦

(有)坪子製作所

　第20期，21期の2年間お世話になりました。教室を知ったきっかけは取引先の担当者でした。これからの時代を生きていくためにいい勉強会があるから若いうちに行った方がいいだろう，とのことでした。当時の私には決して安い参加費用ではありませんでしたが申し込みをしました。印象に残っていることを書かせていただきます。

　笑顔　西堀先生はいつも穏やかに笑っていらして今でもそのことをよく思い出します。

　製品　「商品」という言葉からは，ただ売れりゃあいい，もうかればいいという意味が感じられる。苟（いやしく）も物作りをする人間は使ってはいけない。「製品」という言葉を使いなさい。このようなことを先生はお話しになりました。これは今でも私はよく覚えていて，また守っています。不思議なことに「商品」とか「新商品」という文字を見ると先生の顔が浮かびます。

　小さな会社に大きなロマン　講演の中で先生がお話しになった言葉です。「百の論より一つの証拠」にこの言葉を書いていただきました。昭和60年1月28日，先生82歳の誕生日でした。これはそれ以来私の生き方の指針となりました。よほど自分の名刺にこの言葉を入れてしまおうかと思ったのですが，時折思い出しては自分の中に大切にしております。

　これには後日談があって，次回先生にお会いしたときに本に書い

ていただいた御礼を申し上げたところ「御無礼仕った。」と仰ったものです。請われるままに書いてしまったが，あなたの会社を「小さな会社」と言ってしまい失礼をしましたということだったのでしょうか。私はその先生の気遣いに，謙虚さに深く感じるものがありました。「小さな自分に大きなロマン」でもいいし，「小さな子供に大きなロマン」でも良しです。なんと素晴らしい言葉でしょう。この本は私の宝物の一つです。

印象に残った講演　つくば博で無数に実を結んだトマト。人工的に（無理に）作られた物ではなく放任して育てるとああなるという話。これにはびっくりしました。また社員の方が社長を評して子供も放任主義で育てていると言われたのが印象的でした。結局私は自分の子供に「勉強しなさい。」と言わないことにしました。長女は「自主・自律・自由」を大切にする高校に進学し，次女，三女も自分で必要と思えば勉強している様子です。

国際人工語（山本昌さん）　世界中で使える国際語のお話。発想がおもしろかった。後日手話を少し学ぶ機会があったが，なんとか国際共通語ができないものかとときどき思います。

　他にもデザインの話や芸術の話など普段接する機会のない世界にも触れることができました。すぐに役に立つ物ではありませんでしたが，人としての幅を広げる，余裕を持たせる，いろいろな見方が身に付くなどの効果がありました。教室を紹介してくれた故本田悦也さんに感謝しています。人との出会いがまた出会いを生み，自身の生き方まで変わっていく。2年間だけでしたが私の貴重な出会いでした。

　西堀先生の手は暖かくその人柄そのものでした。教室に通ってい

た皆さんも親切な方が多く，また事務局の皆様にも感謝しています。「新製品開発教室」は今も私の中に生きていますし，西堀先生の笑顔・御声も私の中にあります。

最後に，生徒の皆様のご活躍を（私を含めて）御祈りします。

開発教室関係各位様

野崎良雄

諸兄お変わりなきや「悠々自適は3年でボケる」とか，ハッピーリタイアの方々はご用心を。

私ごときが諸兄の仲間に入れていただくのは恐縮ですが，下記の点では遅れを取らない自信？がありますので。

講座をその一部とはいえ，私以上に「身につけた」か「腹に収めた」方はいないと思われる。

即ち毎回懇談会の「つまみ」の残りを貰って東京発23時20分の夜行各停で朝帰り，冷蔵庫に入れ3～4日間夕食と共に「腹に収め，身につけた」。「ごちそうさま」。

諸兄と異なりえらいのは体だけ，の小生ですが，文字どおり「偉い」講師・諸兄と共に楽しい雰囲気のなかで学べたことを無上の喜びとするものであります（オホン）。

生徒には楽しく勉強になる無上の講座（教室）ですが，その反面企業から西堀先生に招かれた講師の方々は，競争相手・同業者が交じっている聴講者の前では詳しいことは話したくないが，西堀先生の前ではそうもできず，苦労されたとご推察します。

さて不況が泥沼化してあと4〜5年は続きそうだ。

「リストラの起こらぬ日はなし江戸の春」

教室の開講期間中に円高ショックはあったが「物が売れなくなる」感じはなかった。

教室も「でもしか開発」ムードで，生徒どもは後ろ寄りに着席，前の席は空席ばかりで西堀先生はさぞ歯痒かったとご推察します。

製品を開発し販売した結果，採算がとれるのは平均して1割と言われる。したがって開発すると約9割は採算割れで責任者は足を引っ張られる。

さりとて「売物がなくなり経営が危ない，早く開発しろ」と極秘で命じても情報漏れで会社が浮足立ってしまう。

昭和42年出版の『マツダロータリエンジン開発記』にもオーナーの社長とその社長さんに社長と心中する思いで選任された開発責任者（山本健一氏：後に会長職）の苦闘が記されている。

したがって，いよいよ「売物」がなくなって仕方なく開発を始めるのが通例で，私が得たPAT.で唯一売物になった油圧ポンプも出願後約10年で製造販売を始めたとき，私は航空機メーカに転職後であった。

出願後40年近い現在も，カタログの片隅にひっそり載っていて「本人に似て，貧乏臭いPAT.だな」と懐かしい。

この「貧乏臭い」感覚が私の最大の頼りであって，差し当たり諸兄のように開発費・組織・専門知識共に充分，の方とは異なりこれを頼りに競争する他ないと考えている。

60年近く生きて貧乏性が意外性を発揮して，思わぬ好結果を得たのは4度だけで，そのうちの一度は上記のPAT.である。

即ち問題点・解決の糸口を見つけるとき,「何となくもったいない・惜しい」と感ずる貧乏性が有利に働くときだけ少し勝目がある。

さて私の給料のもとは,航空機工場の生産技術（加工工程計画・加工設備と工具の設計）で直接航空機の性能の向上には効果がない。

日本の航空機の開発・設計技術の対米遅れ約 20 年,横綱と前頭位の格差。

日本の航空産業は,長期の展望・計画は持てず,ケ・セラセラ型というべきか。

対米格差を縮めるにアフターファイブに,紙と鉛筆とハングリー精神だけを頼りに有効な特許を編み出す他はない。

1991 年に得た日・米の STOL 方式の PAT. は国産輸送機の開発の予測を唐津先生に航空工業会会長に伺っていただき,当分なし,のご回答を得て,米・マグダネル–ダグラス社から現在生産中の C–17 型（大型・STOL）輸送機の性能向上型を生産するときに採用する,と回答を得た（18% 低燃費・35% 積載重量増を得る）。

西堀先生はいまだ生きている
―限りなき新製品開発教室への思い―

林　萬直

人間の成長には,若いときにいかにして大きな優れた人物に出会うかが,人生のキーポイントだといわれる。確かに優れた人物に出会うと引き摺られて自分も成長するものである。人は人によってし

か変わらないからである。私も70数年の人生において，反面教師も多かったが，生涯忘れ得ぬ恩師が7人いる。それぞれ大きな影響を受けた。そのうちの最後の一人が西堀先生なのである。私の人生の後半は西堀流につきた。

およそ企業で教わることはたかが知れている。日本の会社というのは，案外保守的な面が強い。企業とは環境適応業といいながら，その改革適応行動は鈍い。一種の蛸つぼ文化社会といっていい。したがってどこにでも通用する普遍的な知識，物の考え方は育ちにくい。それは個人にとっても企業にとっても大変不幸なことである。西堀新製品開発教室はその意味でこれをカバーする広汎な知識，行動の指針を教える場所であったといっていい。

昭和39年11月7日，日本規格協会において，主任リーダーの西堀先生，リーダーの茅野，唐津，田口の諸先生を中心に新製品開発教室がスタートした。当時わが国の新製品開発は一口で言えば外国のコピーの国産化であり，独自の研究開発は貧困であった。そこで西堀先生が混沌とした未知の世界である新製品開発の分野に乗り出されたのであろう。しかも四人の先生はすべて優れた品質管理屋である。思うに品質管理という普遍性の技術が，この国の蛸つぼ社会を打ち破って大きく貢献したといっていい。品質管理とは事実による管理である。この思想がこの教室運営の基礎だったかと思える。教室はただ講義を聴いて知識を身につけるだけでは，実践には役には立たない。方針として新製品開発について事前の調査方法，アイデアの評価，開発の進め方などに重点をおいた実戦向きの教育を図り，理論より事例研究に重きをおいた。ここにも西堀流の三現主義即ち，1，まず現場に行く，2，現場を前にして考える，3，現実的

に解決するという思想が窺える。現場は天才なのである。私はこの現場主義について，先生からいやというほど叩きこまれた。そして永年の先生の経験に基づく"山と探検"の思想によって，困難な新製品開発という高い山に新しいルートを発見,開発されたのである。そのルートは難しいが，安全で効率的な歩き方を人間的，現実的な要素を多分に加え，個性的であるが，より普遍的な考え方，手法であった。その集大成されたものが昭和59年発行の『西堀流新製品開発―忍術でもええで』なのである。本書には研究開発の手順だけではなく，これを推進する創造的な知恵がふんだんに描かれている。今読み返しても，創造性溢れる西堀語録はなお新鮮さを失わない。説得力があるのだ。当時この種の研究会がブームでやたら流行したが，皆な尻切れとんぼに終わったようだ。しかし，この教室は群を抜いて違っていた。四分の一世紀，教室で教えを受けた者は延べ1400名，得たものは大きく，それぞれ企業への貢献度は大きいものがあったに違いない。私は昭和63年4月，西堀先生が亡くなられるまで，第1期から第24期までの24年間ご指導を受けた。先生が「僕は毎回同じことを言っているが，君はよくついて来てくれたなあ。」と言われたが，私は「いや何回聴いても勉強になります。先生のことが好きだからですよ。」と申し上げたものである。ただもっと突っ込んで勉強すればよかったとの悔いがいまだに残る。

　新製品開発教室は先生のモットーである十年一節の人生観からいえば，それは先生の生涯を貫く"探検の思想"の最後の仕事であったのだろう。先生はこの教室を大事にされた。先生生涯の蓄積を一気に投入されたのではないか。教室だけにとどまらず，積極的に外に出て関西電力美浜原子力発電所，岩手，大分の地熱発電所，青函

トンネル工事現場，琵琶湖研究所，京大核融合研究センター等々現地でも指導していただいた。有名人の先生だからどこでも大歓迎であった。いい思い出になった。

また西堀グループの茅野先生には別に能力開発のセミナー，山王会などで教えをうけ，田口先生にはQCRGで最先端の技術，ものの考え方を学んだ。総合して西堀教室は私の人生にはかり知れない宝物を頂いたようなものだった。会社人間から社会人間へ。こうなると会社のレベルがいかにも低く，小さなものに見えた。

四分の一世紀にわたる新製品開発教室での収穫の一つは新製品開発の枠を越えて，先生の生涯の自分史を勉強したことであった。5年前，ある会に依頼されて西堀先生についての話をしたことがある。その下調べに取り掛かったが，先生の姿があまりに巨大すぎて取りつくしまがなかった。一体 Mr. Etesan, Nishibori とはいかなる人物だったのだろう。科学者というより技術者，ヒマラヤや南極の探検家，登山家で日本山岳会会長，品質管理の草分け，原子力の権威，創造性開発，新製品開発の指導者，創意工夫の名人，探究心の強いロマンチスト，周囲を魅了する達人，おまけにお酒の大好きな人等々。何とも得体の知れない底知れぬ現代の英雄であった。

結局『西堀榮三郎先生―探究心の人生』という演題で，先生の魅力特に創造性開発について2時間ほど話をした。終わりに先生は不可能をすべて可能にする希代の名人であると締め括った。それでもなお話し足りなかった。皆さんよく聴いてくれたが，これは私の話し方ではなくて，先生の思想，考え方などユニークな内容にあったので，改めて先生の偉大さを知ったわけである。しかし，私の先生に対する研究はまだまだ不十分だと痛感した。最近のように組織

とか国家に信を置けない時代になると，十年一節，独立独歩，我が道をゆくという先生の生き方に共感して見習いたくなってしまう。もちろん，能力と努力あってのことであるが，これまで会社という組織に安住してきた自分が恥ずかしい。

人の思想，考え方はその人の長い人生経験の中から生まれる。とすれば先生の豊かな経験特に先生の原点ともいえる"山と探検"の思想に少しでも近づこうと思って，月2回の登山を始めた。もちろん，中年からの登山だから先生のような本格的なものではない。たかがしれている。それでも北海道から九州まで著名な山には随分登った。山の魅力に取り付かれ，山には苦しい思いも数々体験したが，それだけに感動的でいろいろ教えられた。ところが無理を重ねたのか，膝を痛め昨年，山歩きを断念した。だからといって悔いはない。得たものは大きいのだ。ただシーズンになると身体が疼く。これも先生のお蔭である。

先生への思いは更に続く。先生はよく「僕は京都学派ではなくて，京都岳派だよ。」とか「僕は学ではなくて術だよ。」と言われたものである。京都一中，三高，京大の山岳部，京都学士山岳会（AACK）に連なる親友の今西錦二，桑原武夫，梅棹忠夫先生を中心とする第二次京都学派の人々（人文科学研究所）とは極めて密接な交流があった。"山と探検"の思想を共有するメンバーである以上，相互に影響があったに違いない。その意味で先生は在野の京都学派といっていい。先生の考え方は「事実に学び虚心坦懐に，既存のものに捉われないで物事を眺める。」つまり演繹的でなく，帰納的に物事を考える方法であった。これこそ京都学派の基本理念である。

これを物語る典型的な事例がある。京大人文科学研究所に入所し

た加藤秀俊氏の著書『わが師わが友』から「今西流学問のすさまじさ」について紹介したい。即ち

　人文研に入所して3ヶ月，みずからの研究発表にあたって，私はE・フロムの『自由からの逃走』を材料にして，国民性研究の動向を述べ，日本人もまたフロムのいう『サド・マゾヒズム的傾向』を持っているのではないかと云ったようなことを述べた。先生方から質問等があり，それに答えて，やれやれとほっとしたのだが，それまで口をへの字に結んでおられた今西先生が，お前は物事の順序を逆転していると云われた。フロムはフロムでよろしい。サド・マゾヒズムも結構だ。然し，何を根拠にそういうことを云うのか。フロムはどれだけの実証的事実をもっているのか。まして，日本人との対比でお前は，一つもその根拠になる事実を述べていないではないか。先生は続けてお前には先ず他人の学説に基づく結論があり，その結論を飾り立てているだけである。具体的事実の把握から結論とおぼしきものを模索していくのが学問である。場合によっては，結論などなくてもいい。これからは事実だけを語れと云われた。今西門下の人々には共通した特性があった。それは現地調査に出掛けた人の一次的調査については，絶対的な信頼を置くということである。書物よりも体験知が尊重された。何処かに行って，そこで直接に知った事実―それがこの研究会で一番大事なことだったのである。京大は世の中の事実を徹底的に観察，調査し，学問体系を築き上げていこうとするアリストテレス的な考え方なのである。基本的，原理的なことから説明しようするプラトン的学問態度ではない。

私は西堀先生を通じて京都学派の思想体系を学んだ。先生の著書，論文に加え，今西錦司全集 14 巻，桑原武夫集 10 巻，梅棹忠夫全集 24 巻を前にして，京都学派の思想を研究して，更に先生の創造的な考え方を深く究めていきたい。恩師への思いは強い。先生は私の中にいまだ生きておられるのである。

西堀教室で学んだこと「ほう！それは良い考えじゃ」

針ケ谷　忠

　新製品開発教室にかれこれ 15 年参画させていただいた。教室での講演のみならず，いろいろな体験も同時にさせていただき，わが人生に貴重な一ページを残していただき，私にとっては本当に有意義な会であったと思っている。

　思い起こせば，東北の葛根田・松川地熱発電所の見学（今は亡き茅野先生の引率），作業坑開通直後の工事途上の青函トンネルの見学（田口先生引率）もあるが，何と言っても今なお心に残るのはネパール旅行（西堀先生引率）であった。カカニ峠のボリビラ（西堀先生の別荘）から眺めたマナスル連山は今なおこの目に焼き付いて離れない。

　西堀先生と一緒に行動させていただきいつも感じることは，先生は常にどんなことにでも興味を持ち，その本質を見極め，そして物事を楽観的に前向きに捉えて，果敢に行動を起こすということである。先生の講話や講演の中で常に言わんとしていることは，どんな場合でも人の意見をよく聞き，聞いた意見を頭から否定するのではなく，まず肯定的に捉えて「ほう，それは良い考えじゃ」と言って

みるということである。そのあとで何が良い考えなのかをその中から見付け出すのだと言っている。世の中で、エリートとか秀才とか言われる人の中には、往々にして人の意見を否定的に捉え、ケチをつけることで自己顕示し、これを生き甲斐にしている輩がどの集団にもいるのを厳に戒めているのではないだろうか。否定からは何ら創造的なものは生まれない。否定された者はそのことにより創造の意欲を失い意見や提案もせずに埋もれてしまい、結果的にあたら優秀な人材にやる気をなくさせてしまうことになる。残念なことだ。日常の仕事や生活集団の中で、私もよくこんな場面に遭遇し、その中で先生の考え方をできるだけ実践しようと意識して取り組んでいるつもりでいるのだが、凡人の悲しさでなかなか実行できないことが多い。

　新製品開発教室の活動を通して、多彩な分野の立派な講師陣の貴重なお話を聞き、また極楽会では先生方の意外な面に触れその人物の幅の広さに驚き、見聞を広める貴重な体験もさせていただくことができた。その後これら講師陣の執筆した著作物はできるだけ入手し、読むように努めている。また数多くの同窓生とも昵懇になり、先生亡き後十数年を過ぎた今でも定期的に集まって、先生との在りし日の思い出や教えを語り合っている。これも先生が残してくれた貴重な遺産として、今後も事情の許す限り続けていきたいものだ。お互いに生まれも育ちも違い年齢も掛け離れている集団が、先生の遺徳のもとに集い、今なお若々しい議論をし合えるのは何と素晴らしいことであろうか。

挑戦してゆく先生の姿に感動

堀越政彦

「青春の夢に忠実であれ」

私は中学生の頃，研究者や探検家の伝記をよく読んでいた。伝記本のまえがきに，西堀先生が撰者としてのエッセイを書いておられた。その中に"子供のころの夢を大事にしなさい"という言葉が載っていた。それからしばらく時が過ぎ，私は学校を出て就職した。毎朝同じ電車で通勤している友人から，南極探検隊の話が出て，その人の仲間が隊員として南極へ行くとのこと，永田，西堀両名がマスコミに取り上げられていたころである。

そんなとき，西堀先生がある雑誌に書かれている記事に，目がとまった。

「南極へ行ってみたいなあという……志というか，願いというか，夢というかそういうものを持っていると，いつか実現する道が開けてきます。人間は生きてゆくうちに必ずどこかで分かれ道に行き当たるものです。そのとき夢と志があればチャンスをつかむのです。……」

西堀教室の存在を知ったのは，その後新製品開発担当になってからである。

この教室に入れば雲の上の人である西堀先生に会える，との想いがいっきに沸騰して，上司を何度も説得した結果，ついにこの教室へ入れてもらうことがかなった。

西堀教室への最初の参加日は，胸躍る気持ちだった。はじめて見る西堀先生は，写真で見るより面長であごがしゃくれていて，たい

へんおだやかな眼差しであった。ハキハキしていてユーモアたっぷりの話し方や，身体をゆっくり左右に動かしながらの講義に，すっかり魅了されてしまった。"西堀先生に会えたら……"との熱い想いが実現して夢のようであった。先生のことばを地でゆくことができたという思いで胸が熱くなった。

雪山讃歌作詞の秘話を聞く

西堀先生が"雪山讃歌"の作詞者であることはあまりにも有名だが，作詞されたときの状況を先生から直接聞く機会があった。

「三高の山岳部合宿でのこと，外に出られず宿（鹿沢温泉紅葉館）で過ごしているとき，メロディーを口ずさむものがいた。それに歌詞をつけてやろうと思い，一気に書き上げた。みなで歌っているうちに，なかなかいいじゃないのということになりそれが残されて，その後山岳部歌が雪山讃歌に名前を代えて世にでることになった。」と目を細めて話してくれた。

この話を聞いた後，紅葉館を訪ねてみた。当時のままの建物で，写真や資料などからランプを灯して語り明かしたであろう学生達の様子をなつかしく思い浮かべることができた。

その後しばらくして湯の丸高原スキー場へ行く機会があった。リフトを降りたところに，白い大きな看板が建てられ，そこに雪山讃歌の歌詞があった。看板の向こうには，白い雪をいただいた北アルプスの嶺々が，青空にくっきりと輝いていた。それ以降毎年ここに来て，雪山讃歌を口ずさみながら北アルプスの素晴らしい眺望を楽しんでいる。先生と話している気持ちになって。

パソコン活用の講義

昭和50年代後半にパソコンPC-8001が新発売され，高価にもかかわらず競って買い求めた。仕事に使うというよりも，雑誌に載っているBASICのソフトを打ち込んでゲームを楽しんでいた。翌年にはPC-8801，さらに9801と矢継ぎ早にグレードアップしてゆくなかで，シャープから小型携帯用パソコンが発売され，人気急上昇。早速このパソコンを手に入れた西堀先生は，このパソコンを駆使して作られた資料を元に，講義するではないか。新しもの好きとはいえ先生ほどの年配者がパソコンを使いこなすことなど，全く考えられなかった。開いた口がふさがらないほどびっくりした。

過去の輝かしい功績に対する尊敬の念からではなく，常に新しいものへ興味を持ちつづけ，挑戦してゆく先生の姿に感動し，人間の魅力とはなにかを教えていただいた思いであった。

かけがえのないメンター西堀榮三郎師
～ロマンに向かって営々と努力を続けること～

　　　　　　　　　　　　　　　　　　　　　　牧島　信一
　　　　　　　　　　　　　　　　　　　　　　社会技術研究所

ロマン，夢。

この言葉は西堀榮三郎師から語られたものとして，特別の意味を私は感じます。数多くの先人が語ったであろう言葉ではないかと思います。しかし，西堀師がロマンと語るとき，それは地球を覆い尽くすほど，地域的な広がりがあり，また遠くを見やるまなざしが含まれていたような気がしています。

今思い返しますと，印象としては，私たちが知ったころの西堀師のお話は軽快で，常に淡々と語られていました。でもなぜか勇気とか，エネルギーが生みだされるようなパワーを感じていました。また，魅力的な言葉で語られることもあり，そのお話と言葉の響きは，別世界の絵本の中を一緒に探検するような心地よさで，酔わせるようなところがあったようにも思います。特に理系の人間にとって，心理学にも精通した達人のイメージがありました。

　長年の講話を通してのおつきあいの中で，その重さを十分に噛みしめていなかったのではないかと思うことが，たくさんあることに気づかされている昨今です。

　今，私はボランティアの分野でも活動しています。地域の中で，何らかの課題を取り組みたいと，ずっと考え続けてきました。それがボンヤリとした夢でした。そしてあるとき，6, 7年前に妻から浄水器をつけていないのはウチだけよ，といわれて，エッ，横浜の水は美味しくて，安心して飲めるのではないの？と妻に強く言い返しながら，そういえば，……引っ越してきてからずっと美味しいと思っていた"かっての味"とは違っていることにハタと気づかされたのでした。出張が多かったせいで，どうやら昔のイメージで飲んでいたのです。西堀師が庭の木の葉が季節でもないのにハラリと落ちたことに気づき，環境の問題に関心をお持ちになったことと同じように。

　水と森を含む流域環境の保全活動のために，桂川・相模川流域協議会に仲間の薦めもあって飛び込みました。県広報誌で参加の呼びかけがあったからです。今から5年ほど前の1998年のことです。協議会では，市民・事業者・行政のパートナーシップで進めていま

す。また，現在では，よこはま水と森の会を創設して，まずは山梨県の民有林に入って，森づくりを月一度風雨にかかわらず休まず定例的に行っています。森がいろいろなことを教えてくれます。

　山梨東部を流れる富士山のすそ野から流れ出て，山中湖に流れ入り，流れ出て桂川（山梨県側の呼称）となり，相模湖，津久井湖等々から飲料水として取水され，そして相模湾に注ぐ相模川流域とその恩恵に浴する地域が今の私にとってのロマンを沸き立たせるフィールドです。西堀師の南極が，私にとって桂川・相模川流域なのです。

　このように，西堀師は，私にとって"かけがえのない，人生経験豊かなスーパーメンター"となっています。

『百の論より一つの証拠』のまえがきの中に「私の人生は常に大きなロマンをもち，そのロマンを実現させるために困難と闘い，それを克服したときの喜びを励みとして，次の大なるロマンに向かって営々と努力を続けてきた。その過程では常に事実に忠実であらねばならないと思っていた。より高度な観察によって事実をつかみ，観察結果を追求して，そしてまた新たな観察に進んでいくという連続であったような気がする。」という御言葉が載っています。

　壮大なロマンと現実・事実の間に，さまざまなものを創造的に発見し，生みだし，工夫されてきた西堀師の凄さを再度噛みしめる機会となったのが，今回の西堀榮三郎生誕百周年記念のさまざまな動きでした。皆様のご努力に感謝。前後しながらささやかな参加ができればと願っています。また，新製品開発教室の開催に際して，書記役，そして講師としての役割を担うことができて，誠にありが

創意工夫の哲人・西堀先生を偲ぶ

村井　徹

第 10 期受講生

　西堀博士生誕百年を迎え，本協会の記念行事をお慶び申し上げます。

　アルバムを見ると，日本規格協会屋上で 1974 年度に撮った第 10 期新製品開発教室で西堀先生を囲んだ集合写真があります。あれから 30 年ほどの歳月を経ましたが，赤坂の小丘を上ると，当時のままの建物があり懐かしく思い出します。私は精工舎に出向中に当該教室を受講しましたが，先生との出会いは新鮮な感動の連続でした。京大の学究者でありながら，第一次南極隊長として，またエベレスト登山隊長として活躍された足跡は，小柄な体躯に秘められたエネルギーが源泉であろうと推察しました。先生の話は，東芝研究所時代の開発例があり，信念・個性に裏打ちされた開発への挑戦を垣間見た思いで説得力がありました。まさに "NEVER GIVE UP" の精神でした。

　1970 年代の日本は，全員参加の QC，品質管理時代の到来で，その真髄は品質保証にありました。すなわち，製品の品質保証を QC 以前の考えであった検査主義から品質は工程でつくり込めの工程管理主義に移行。次に設計と工程でつくり込めの新製品開発主義へと移行しました。私はこの時期に教室に参加したことになります。

その後，80年代には，品質を広義に経営レベルで捉え，すべての品質に関連するもの——会社の質，経営者，管理者の質，従業員の質，仕事の質などに波及できると考えられ，企業レベルのTQCの取組みになりました。90年代以降，TQCはTQMとして，ビジネスプロセスの改善，品質管理活動のシステム化，品質コストマネジメントに移行し，トヨタやホンダの事例にその歩みがあります。かようにQC発展の中で教室の学びは，経営の哲学を知る恰好の場でした。

次に，先生の著作に言及すれば，『石橋を叩けば渡れない』，『出る杭をのばす―人間の値打ちと組織のいのち』があります。前者は，探検家精神の内容で未知に挑戦するとき，リスクを完全にゼロにできる準備はできないので，思いもよらぬ出来事が起こると覚悟して沈着に対処することが大切としています。また，性格は変えられないが能力はいくらでも変えられるとし，その源は意欲であると説いています。後者では，科学者の扱う知識，それはそのままでは人間生活に役立たず，技術者は直接人間に役立たない知識を技術という形で役立たせることができる。科学をやるときは狭く深く，技術ではできるだけ広い知識をもって，融通無碍に応用するとしています。これらの事柄は，時代を超えて普遍的な考えで示唆に富んでいます。

江戸元禄期の伊藤仁斎は，中国の儒と異なる日本の儒学を人倫の学として成立させました。著作の中に「人の外に道無く，道の外に人無し」があり，学問は人間のためにある。自分を高めるには，人間性を知り，人間社会を知り，そこで得たところに従って修養する。人の世に生きて行く道を照らしだしてくれるもの，そこに生きた学

問があると説きました。

　西堀先生の思想と相通ずる感がいたします。先生は人を愛し，人を信じ，英知の求道者・伝道者であったと思いめぐらしています。

　私事ながら，80年代以降，新事業開発，会社運営，グループ企業の経営評価，統廃合などに携わりましたが，当該教室で諸先生方から培った有益かつ貴重な教訓を糧として企業を取り巻く環境の変化を見極めた上で対処できたと思っています。私は現在コンサルタントの仕事として，情報産業の企業法務を専門としていますが，経営革新の原動力の一つにナレッジ・マネジメントがあり，知識の体系化により商品力の強化と業務効率を高める"知のパワー"があります。ITがビジネス基盤として安定的に運用する効果的なITマネジメントの最適化を考察することが関連する課題です。

西堀先生に学んだこと

　　　　　　　　　　　　　　　　　　　　　　　　　　柳谷三郎

　　　　　　　　　　　　　　　　　　　　　　　ミサワホーム(株)

　私たちが西堀先生のご指導を頂く幸運に恵まれましたのは，昭和55年から59年にかけてのことになります。当時，より工業化の高いユニット工法で国内にある資源を有効活用したプレハブ住宅の開発を進めていた当社は，外壁材及びルームユニットを生産するための工場建設を終え事業化の段階まで来ていました。

　新製品の立上げ時によくある話ですが，パイロットプラントでは予想できなかった問題が，実ライン生産する段階でいろいろなばらつきとして現れて苦労をしていました。そんな折，当社総合研究所

の理事をしていただいていた関係でご指導を頂くことになりました。

私は57年頃から担当させていただき，月1回の指導会の中でポケコンを使った工程管理図の活用による工場実験法の実践と実験計画法の直交配列を使った実験結果のポケコンによるデータ解析手法について指導を頂きました。

住宅に使用する外壁（高2.5 m×幅4.5 m）の強度を安定させるのに悪戦苦闘していた私たちに，西堀先生が"データの解析にはこれが便利でよろしいで"とポケコンを紹介してくださいました。同時に$\bar{x}$–R管理図やヒストグラム，散布図などを作成するプログラムも提供いただいて現場にある1年間分データを入力してグラフ化しそれを並べて見ていただきました。それを見ながら西堀先生が"色眼鏡で見んと虚心坦懐に観察すればデータは語りかけてくるもんや"とおっしゃっていろいろ質問されました。"今年の梅雨はどうでしたか"とか"この日の気温は何度でしたか"とか"どないして混ぜてますか"など次々と出て来る質問に対する私たちの回答から事象とデータの関係を探ろうとする執念にはとても頭の下がる思いでした。当時，私たちも七夕問題と呼ぶロットで不良を出していた体験もあって原材料と外気温の相互作用が何かに影響しているのではないかと考えてはいましたが，現場のデータと気象データを実際に並べて見るところまではやっていませんでした。外壁はケイ砂とセメントを主原料にして気泡を練りこんで，40分程度で型から外せるように急硬化材を混ぜて作る配合になっていました。当然，反応しながら硬化していきますから温度が影響しているのは当たり前のことなのですが，どのタイミングのどの温度がどれくらい影響

しているのか掴めていなかったのです。そのとき，その関係を探るのに教えていただいたのが直交配列表による実験計画法とややこしい寄与率や有意差をいとも簡単に計算し，グラフ化して見えるデータにしてくれるポケコンのプログラムだったのです。計画立案に当たっては，西堀先生も一緒に現場に入り考えられる因子の拾い出しをしていただきました。その因子の組み合わせから水準の取り方まで配列表の作り方を教えていただき，繰り返し実験を行いながら有意差のある因子と水準を整理していきました。整理された条件は量産仕様に落とし込んで実ラインで流して効果の確認をする。まさに工場実験法の実践を毎月直々にお教えを頂く経験をすることができたわけです。時には，混ぜるミキサーの中をじっと見て最後に投入される急硬化材の混ざり方に疑問を持たれ，急硬化材に色付けしてマーブル状になる混ざり方を見ながら，混ぜ時間を水準に取って強度を確認したこともありました。一連の実験で外気温度に影響される雰囲気温度と前養生時間の管理条件を見直して成果を出すことができました。このポケコンを使ったデータ解析の手法は日本規格協会でプログラム集としてまとめられて出版されましたが，パソコンが一般にそれほど普及する前の時代に第一線の現場では大いに役立ったことと思います。

　また，仕事以外のところでも驚かされることが多くありました。ご指導を頂いていた頃は80歳になっておられましたが，ご自分でポケコンのプログラムを作られたり（それも移動中に"ええのができました"とご連絡頂くこともありました），階段は2段ずつ登られて私たちがついていくほどでした。また，アメリカの統計で（忘れてしまったのですが）ある金属に関連する仕事をされている人の

長生きしているデータを見られて，その金属の塊をポケットに入れておられて"たまに舐めるんや"とにやりとされることがあったりと，常に前向きな諦めない姿勢に多くを学びました。私はよく子供達にも西堀先生の話をするのですが，これからも多くの人に先生から学んだことを伝えていければと思っています。

資料1　新製品開発教室の活動

第1期より第11期までの活動

●講話及び発表テーマ
○総　論

70年代と新製品開発	西堀榮三郎
内発的経営への道	〃
現象解析法	〃
社外提案箱について	〃
記述的情報のとり方の問題点	〃
新製品開発の考え方	〃
市場開発と品質	〃
新製品開発と探検	〃
新製品の企業経営	茅野　健
新製品開発メモ	〃
開発ポリシイと開発方法	〃
経営と新製品開発	〃
新製品のQC	〃
創造性開発	〃
低成長時代の新製品開発について	〃
新製品と会社盛衰記	唐津　一
新製品開発におけるソフトウェア	〃
新製品開発のうら	〃
情報産業について	〃
NHKニュースセンターのシステム開発	〃
非論理的な解決法	〃
若者調査	〃
新製品開発の穴場	〃
新製品開発におけるレジスタンス	〃
新製品と信頼性	〃
新製品とマーケッティング	〃

新市場開発の戦略	唐津　一
市場開発	〃
疫学と流行	〃
マーケットマップ	〃
減速経済下の開発問題	〃
開発と販売	〃
ある企業の新製品開発物語	浦山　公明
成長新商品の定石	〃
新製品と省力化	〃
新製品こぼれ話	〃
新製品開発成功・失敗の事例	〃
新製品失敗特集	〃
新製品の着眼点	〃
多国籍企業と国際分業	〃
日本製品とマレーシア	〃
設計品質と製造品質	田口　玄一
技術革新と実験計画法の役割	〃
ダイナミックな品質特性の測定法	〃
企業における研究開発	山本　通隆
新製品開発 ── 商品会議，情報と情報地図，調査研究　討論と Weight 付き，Task force	〃
新製品の魅力	矢沢　清弘
研究開発成功の手引	〃
新製品開発の要点	〃
ソフトウェアの新製品	牧島　信一
新都心作り	〃
品質工学からみた新商品開発	水野　滋
世界一の新製品・新技術開発	石川　馨
大衆保健薬の新商品と問題点	高橋　晄正
新製品と開発（従来品の廃止，限界利益率等）	藤代　侑宏
コンピュータと新製品開発	岡本　行二
市場調査担当者の弱点	中原　勲平
探査と製品計画	〃

市場探検	中原　勲平
工業意匠	明石　一男
新製品と工業デザイン	皆川　　正
組織工学と新製品開発	糸川　英夫
シンクタンクと新技術開発	牧野　　昇
我国における技術予測の必要性	松井　　好
科学技術庁における技術の結果報告	玉井　公男
二宮尊徳の業績	三沢　浩之
ワークデザインと新製品開発	海辺不二雄

○進め方・運営

アフターサービス	茅野　　健
技術予測と市場の変化	〃
システム計画作成の手引	唐津　　一
新製品の事業化決定	〃
新製品開発と特許	浦山　公明
新製品と工業所有権	〃
新商品の量売計画	〃
新製品開発特許戦略の裏の裏	〃
新製品とマーケッティング	田口　玄一
市場実験法	〃
新製品開発と評価について	〃
立石電機における新商品開発手順	山本　通隆
立石電機の PESIC の実際	上村　幹夫
立石電機の PESIC	山本　通隆
消費計画	鈴鹿　寛昌
新製品の広告計画	長谷川芳郎
市場調査の方法（その1）	林　　周二
市場調査の方法（その2）	牧田　　稔
新製品の量産化までの問題点	磯部　邦夫
新製品の生産展開	〃
予測の事例	村中　　聖
需要予測	松島　康夫

目的指向型開発について（ブリヂストンタイヤ）	高松　哲也
石川島重工のPERT（開発における）の利用例	平林　武昭
日野自動車の開発システムにおけるPERTの活用例	田村　博親
流行の国際メカニズムと百貨店における商品開発	三島　　彰
セーラー万年筆における設計品質評価の実例	三浦　直彦
設計品質の評価の事例	武藤　時宗
カタログ販売（西武）	三上　恵三
新製品開発と市場導入戦略	山田善二郎

○研究管理

研究開発と信頼による管理	西堀榮三郎
応用研究	〃
研究管理について	茅野　　健
研究とニーズ	唐津　　一
研究管理における統制と評価	田口　玄一
品質設計管理	〃
信頼度と寿命分布のための強制試験	〃
研究テーマのきめ方	〃
品質評価について	〃
新製品開発とエスエヌ比	〃
研究開発の生産性	〃
新製品と品質問題	〃
研究者・技術者の管理	山本　通隆
品質設計の手順	田中　　亘
研究管理と山本五十六	佐波　次郎
新製品開発とデベロッパーの機能	鈴鹿　寛昌
研究指導についての体験	中村　　素
設計品質評価の実際例	武藤　時宗
富士フイルムにおける研究管理	持地　保穂
新製品開発と研究管理のあり方	矢沢　清弘
研究課題の問題点	〃
品質の評価	岩崎浩一郎

○人材育成・能力開発
    開発プロジェクトリーダ   西堀榮三郎
    着想とそのパターン   〃
    発明はいかにして生まれるか   〃
    着想およびその評価   〃
    思考工学の応用   〃
    新製品開発と勇気・飛躍はどうして生まれるか   〃
    日本人と独創性   茅野　　健
    生きがいのある管理   〃
    新製品開発と能力開発   〃
    茅野式発想法   〃
    アイデア発生の体験   〃
    ものまね能力   〃
    研究者の育成   〃
    問題の取組み方   〃
    新製品開発と人材養成   浦山　公明
    着想の実用化（その1）   〃
    着想の実用化（その2）   山本　通隆
    創造する技術   〃
    意識のレベルと創造活動   〃
    思考工学の手びき   川喜田二郎
    KJ法について   〃
    KJ法実習   牧島　信一
    NM法について   中山　正和
    独創的発想法DAXについて   師岡　孝次
    研究指導者のあり方と石川島重工の事例   中村　　素
    イメージ・プロセッシング   小山　一平
    発明の話   鈴木　德二

○特　論
    アラスカだより   西堀榮三郎
    東南アジアめぐりで思うこと   〃
    北欧を旅して   〃

発展途上国をたずねて　　　　　　　　　　　　　　　　　　西堀榮三郎

● **特別講演 ── わが社における新製品開発 ──**
　経営と研究開発（立石電機）　　　　　　　　　　　　　　立石　一真
　わが社における新商品開発（平川鉄工所）　　　　　　　　溝淵　　泉
　わが社の新商品開発（ハニー化成工業）　　　　　　　　　吉田　昌二
　アイデアから新製品までの体験（シンポ工業）　　　　　　柏原　　学
　新製品開発における経営者の考え方（日瀝化学）　　　　　池田　英一
　ポータブルラジオの盛衰（新白砂電機）　　　　　　　　　白浜　　允
　新製品開発の体験（太平設備機械）　　　　　　　　　　　太田　慶一
　わが社における新製品開発の実際（高松電気製作所）　　　岩尾　舜三
　わが社における新製品開発（三星毛糸）　　　　　　　　　岩田　和夫
　新製品開発と関連子会社の問題（蛇の目ミシン）　　　　　中村　静夫
　企業経営と新製品開発（富士ゼロックス）　　　　　　　　庄野　伸雄
　印刷会社の新製品開発（凸版印刷）　　　　　　　　　　　田村　照一
　男性衣料品の動向と問題点（内田衣料）　　　　　　　　　笠尾博太郎
　腕時計の新製品開発（第二精工舎）　　　　　　　　　　　菅原　　修
　わが社における研究管理（ブリヂストンタイヤ）　　　　　高松　哲也
　電卓開発の戦略（松下通信工業）　　　　　　　　　　　　原田　　明
　経営と新製品開発（ソニー）　　　　　　　　　　　　　　井深　　大
　動物実験の開発（日本フレア）　　　　　　　　　　　　　佐藤　善一
　こらからの住宅─ツーバイフォー工法（日本ホームズ）　　白根　陽一
　自動機の開発（レオン自動機）　　　　　　　　　　　　　林　　虎彦
　わが社における新製品開発（武藤工業）　　　　　　　　　桜井　良夫
　わが社における新製品開発（山内ゴム工業）　　　　　　　山内　次郎

● **パネル討論会・シンポジウム（テーマ）**
　新製品開発の実施段階の問題点
　新製品ずばり一言
　新製品開発を成功させるポイントと問題点
　新商品の事業化
　ものまね開発の利点と欠点
　いつ旧製品を打ち切るか

お荷物商品対策
社名・商品名のイメージアップ
市場開発における KJ 法の活用
難局走破は技術開発で
消費者選択時代の本質をさぐる
開発速度をあげるには

● **事例と討論のテーマ**

ポリバリ	ミツミ電機
ハイドーム 670 型	蛇の目ミシン
ワイヤレスマイク	松下通信工業
デコラ	住友ベークライト
クイックコピーシステム	富士写真フイルム
合成宝石用アンモニアミョウバン	大明化学工業
プリンスホーマー	プリンス自動車
アスパラ	田辺製薬
カレッジエース	東京芝浦電気
補聴器	松下通信工業
MG 5	資生堂
IN 鋼	石川島播磨重工業
サインペン，ぺんてるぺん	ぺんてる
アンネ	アンネ
インスタント味噌汁	明治食品
ポリスタル	日本ポリスタル工業
サントリー純生	サントリー
フジカシングル 8	富士写真フイルム
オバ Q チョコ，キャンデー	不二家
ウルトラ C	東京芝浦電気
クリーンライト	理究クリーンライト
粉末油脂	日新加工
新幹線と新ダイヤ	日本国有鉄道
新しい包装	本州製紙
紙黒板	コーリン鉛筆

新繊維	東洋レーヨン
ナショナル BGM	松下通信工業
有線放送機	松下通信工業
合成紙	日本合成紙
プレオマイシン	日本化薬
Three Stars Tex	三星毛糸
タイムカプセル	松下電器産業
液晶	日本サンフル
おもちゃの開発	一晃

第12期の活動

● 4月
(Aクラス)

相互交換	西堀主任リーダ
新製品開発 (1)	浦山リーダ

(B, Cクラス)

新製品開発と情報活動	大井　正一氏
(日本科学技術情報センター業務部長)	
ダスキンにおける商品計画〔(株)ダスキン副社長〕	駒井　茂春氏

● 5月
(Aクラス)

KJ法演習	牧島リーダ

(B, Cクラス)

中国を訪問して	茅野リーダ
新製品開発	西堀主任リーダ

● 6月
(Aクラス)

新製品開発 (2)	西堀主任リーダ
創造性開発	茅野リーダ

(B, Cクラス)

ブーム作り	唐津リーダ
NHKにおける特別番組作り	吉田　直哉氏

（NHK スペシャル番組班チーフディレクター）
- **7 月**
　（A クラス）
　　成長新製品開発の定石　　　　　　　　　　　　　　　　浦山リーダ
　　グループ討論　　　　　　　　　　　　　　　　　　　　牧島リーダ
　（B, C クラス）
　　水晶時計→デジタルプリンター→?　　　　　　　　　相沢　　進氏
　　　［信州精器(株)常務取締役・機器事業部長］
　　工業システムによる食物生産の現状　　　　　　　　鈴木　昭二氏
　　　［松下電器産業(株)公需部部長］
- **8 月**
　（A クラス）
　　立石電機における研究開発システム　　　　　　　　諏訪　一種氏
　　　［立石電機(株)情報特許本部技術情報センター部長］
　　グループ間討論（日本を動かすアイデア募集）　　　　　牧島リーダ
　（B, C クラス）
　　複合材料における製品開発の方法　　　　　　　　　北村　達人氏
　　　（開発研究機関・フォーラム）
　　立石電機における研究，開発，その後　　　　　　　諏訪　一種氏
　　　［立石電機(株)情報特許本部技術情報センター部長］
- **9 月**
　（A クラス）
　　製品企画と品質評価　　　　　　　　　　　　　　　　田口リーダ
　（B, C クラス）
　　西堀先生を囲んで　　　　　　　　　　　　　　　　西堀主任リーダ
- **10 月**
　（A クラス）
　　新製品開発と市場導入戦略（電通マーケティング局）山田善二郎氏
　　販売の科学　　　　　　　　　　　　　　　　　　　　唐津リーダ
　（B, C クラス）
　　甘えの社会―日本―の形成　　　　　　　　　　　　　茅野リーダ
　　祭りの戦略と戦術（イベント総合研究室長）　　　　遠藤　博元氏
- **11 月**

（A, B, C 合同）
　　戦術，戦略（元陸軍中将）　　　　　　　　　　　　　稲田　正純氏
　　北極圏 12,000 K を旅して　　　　　　　　　　　　　植村　直己氏
● 12 月
　特別講演会　テーマ：消費者選択時代の本質をさぐる
　　第 1 日目　ダスキンの展開　　　　　　　　　　　　駒井　茂春氏
　　　　　　　［(株)ダスキン副社長］
　　　　　　　ライフスタイル戦略　　　　　　　　　　井関　利明氏
　　　　　　　（慶応義塾大学商学部助教授）
　　第 2 日目　流行と消費者　　　　　　　　　　　　　宮本　悦也氏
　　　　　　　（東京アンドパリ社社長）
　　　　　　　総合討論　　　　　　　　　　　　宮本氏，西堀氏
　　　　　　　　　　　　　　　　　　　　　　　牧島氏，菅原氏
● 1 月
　（A, B, C 合同）
　　これからのデザインを考える　　　　　　　　　　　三浦　勇氏
　　問題提起（工業デザイナー）　　　　　　　　　　　西堀　缶夫氏
　　テーブルディスカッション　　　　　　　　　　　　　全　員
● 2 月
　（A クラス）
　　まとめ　　　　　　　　　　　　　　　　　　　西堀主任リーダ
　（B, C クラス）
　　経済成長と品質問題　　　　　　　　　　　　　　　田口リーダ
　（A, B, C クラス）
　　総合討議　　　　　　　　　　　　　　　　　　　　　全　員

第 13 期の活動

● 5 月
　（A クラス）
　　新製品開発・基本精神　　　　　　　　　　　　西堀主任リーダ
　　相互交換　　　　　　　　　　　　　　　　　　西堀主任リーダ
　（B, C クラス）

「F–II 400」の開発について 野村　年男氏
　　［富士写真フイルム(株)足柄研究所主任部員］
　電卓開発 鷲塚　　諫氏
　　［シャープ(株)電卓事業部商品企画部長］
● 6月
（Aクラス）
　新製品開発における実験計画法の役割 田口リーダ
　創造性開発 茅野リーダ
（B, Cクラス）
　新製品に対する基本的考え方 茅野リーダ
　進め方・討論 茅野リーダ
　ニューファミリーにおける動向 佐橋　　慶氏
　　［アイディアバンク(株)社長］
● 7月
（Aクラス）
　新製品開発・基本精神（続） 西堀主任リーダ
（B, Cクラス）
　流通論と新製品開発（流通経済研究所） 上原　征彦氏
　わが社の新製品開発の実際（ローリングマーカを中心に）
　　［ぺんてる(株)副社長］ 堀江　利幸氏
● 8月
（Aクラス）
　KJ法実習 牧島リーダ
（B, Cクラス）
　パールコーダの開発 佐藤　正昭氏
　　［オリンパス光学工業(株)製品開発部次長］
　リーダを囲んで 西堀主任リーダ
● 9月
（Aクラス）
　特許戦略裏の裏 浦山リーダ
　品質の評価 田口リーダ
（B, Cクラス）
　新製品開発 中山　正和氏

- **10月**
  (Aクラス)

新製品開発（特許戦略裏の裏）	浦山リーダ
レコード針ウルトラCの開発を通して	矢沢リーダ

  (B, Cクラス)

印刷業における新製品開発［共同印刷(株)］	古橋　公氏
設計における諸問題と実験計画法	田口リーダ

- **11月**
  (Aクラス)

品質の評価	武藤　時宗氏
立石電機における研究・開発の実際	諏訪　一種氏

  (B, Cクラス)

新製品開発あれこれ（王様のアイデアの実際） ［(株)金鳳堂］	小山　末義氏
情報の流行学（東京アンドパリ社社長）	宮本　悦也氏

- **12月**
  (Aクラス)

販売の科学	唐津リーダ

  (B, Cクラス)

わが社における新製品開発の実際 ［ライオン歯磨(株)開発研究所長］	岩崎浩一郎氏
経営の兵法	大橋　武夫氏

- **1月**
  (Aクラス)

創造性開発・平常心	茅野リーダ
新製品開発・基本精神（続）	西堀主任リーダ

  (B, Cクラス)

成長の秘訣	城　功氏
開発速度をどうすれば早められるか	唐津リーダ

- **2月**
  (Aクラス)

当期実習課題まとめ	牧島リーダ

  (Bクラス)

石川島播磨重工における営業開発　　　　　　　　　　　高橋　氏
　　　［石川島播磨重工(株)開発営業室長］
　(A, B, C 合同)
　　自動焦点カメラの開発　　　　　　　　　　　　　　内田　康男氏
　　　［小西六写真工業(株)技術部長］
● 3 月
　(A, B, C 合同)
　　わが社の人材育成［シンポ工業(株)副社長］　　　　　柏原　学氏
　　わが社の技術開発［シャープ(株)専務取締役］　　　佐々木　正氏
　　人材育成について　　　　　　　　　　　　　　　　茅野リーダ
　　まとめ：これからの課題　　　　　　　　　　　　西堀リーダほか

資料2　西堀榮三郎著作一覧

著書名	発行所	共著等	発行年
南極越冬記	岩波書店		1958
工場実験法	日科技連出版社	共著	1958
解法の手びき　化学	科学振興社		1960
品質管理実施法（改訂版）	日科技連出版社	共著	1961
新製品に具備すべき条件	日本規格協会	共著	1966
南極観測に思う	松下電工（株）		1970
人間性と創造性の開発	日本生産性本部	日本生産性本部創造性開発委員会	1971
石橋を叩けば渡れない	日本生産性本部		1972
旅と青春	PHP研究所	共著	1972
出る杭をのばす	昌平社	野田一夫	1974
日本人の創造性	産業能率大学出版部	共著	1975
ヒマラヤ遠征記	ホクト電子工業（株）		1975
二十歳の世代へ伝えたい	PHP研究所		1977
西堀流新製品開発	日本規格協会		1979
品質管理心得帖	日本規格協会		1981
技術文明の未来像	共栄出版	監修	1982
ひとまわり大きく生きてみないか	PHP研究所	共著	1982
気ばたらきは人を生かす	PHP研究所		1983
五分の虫にも一寸の魂	日本生産性本部		1984
百の論より一つの証拠	日本規格協会		1985
若き日の人と学との出会い	思索社	共著	1985
父の一言	講談社		1985
生涯現役	協和		1985
わが人生の師	竹井出版	共著	1986
未知への挑戦	日本生産性本部		1987
品質管理的アプローチ	日本規格協会	監修	1989
創造力	講談社		1990
新しい二項確率紙の使い方	日本科学技術連盟		
新製品開発	企業診断通信学院		
信頼による管理	日本規格協会		
西堀榮三郎選集　全3巻別巻1	悠悠社		1991

西堀 榮三郎（にしぼり　えいざぶろう）

1903 年 1 月	京都市に生まれる
1928 年 3 月	京都帝国大学理学部卒業，同学部講師
1936 年 5 月	理学博士
同年 10 月	東京電気（現東芝）に入社
	真空管の研究に従事
1939 年 12 月	アメリカ，RCA に留学
1943 年 10 月	技術院賞受賞
1954 年 11 月	デミング賞受賞
1957 年 1 月	南極地域観測隊副隊長（第 1 次南極越冬隊長）
1959 年 4 月	日本原子力研究所理事
1965 年 1 月	日本原子力船開発事業団理事
1969 年 1 月	"信頼による管理"を提唱し，その友の会会長
1973 年 2 月	ヤルン・カン遠征隊長
1989 年 4 月 13 日 死去	

西堀榮三郎 生誕100年記念復刊
西堀流新製品開発　忍術でもええで

1979 年 10 月 12 日　第 1 版第 1 刷発行
2003 年 10 月 31 日　　復刊第 1 刷発行
2024 年 9 月 24 日　　　　第 9 刷発行

著　者　西堀　榮三郎
発行者　朝日　弘
発行所　一般財団法人 日本規格協会

　　　　〒 108-0073　東京都港区三田 3 丁目 11-28　三田 Avanti
　　　　　　　　　　https://www.jsa.or.jp/
　　　　　　　　　　振替　00160-2-195146

製　作　日本規格協会ソリューションズ株式会社
印刷所　株式会社ディグ

権利者との協定により検印省略

© E. Nishibori, 2003　　　　　　　　　Printed in Japan
ISBN978-4-542-50331-1

● 当会発行図書，海外規格のお求めは，下記をご利用ください．
JSA Webdesk（オンライン注文）：https://webdesk.jsa.or.jp/
電話：050-1742-6256　E-mail：csd@jsa.or.jp